"闽西职业技术学院国家骨干高职院校项目建设成果"编委会

主　任：来永宝

副主任：吴新业　吕建林

成　员（按姓名拼音字母顺序排列）：

　　陈建才　董东明　郭　舜　李志文　林茂才

　　檀小舒　童晓滨　吴国章　谢　源　张源峰

闽西职业技术学院 国家骨干高职院校项目建设成果
——旅游管理专业

旅游景区服务与管理

陈李静 ◎ 主编

厦门大学出版社 国家一级出版社
全国百佳图书出版单位

图书在版编目(CIP)数据

旅游景区服务与管理/陈李静主编. —厦门:厦门大学出版社,2016.11
(闽西职业技术学院国家骨干高职院校项目建设成果. 旅游管理专业)
ISBN 978-7-5615-5916-1

Ⅰ.①旅…　Ⅱ.①陈…　Ⅲ.①旅游区-商业服务-高等职业教育-教材②旅游区-经济管理-高等职业教育-教材　Ⅳ.①F590

中国版本图书馆 CIP 数据核字(2016)第 005870 号

出版人	蒋东明
责任编辑	江珏玛
封面设计	蒋卓群
美术编辑	李嘉彬
责任印制	许克华

出版发行 厦门大学出版社

社　　址　厦门市软件园二期望海路 39 号
邮政编码　361008
总 编 办　0592-2182177　0592-2181253(传真)
营销中心　0592-2184458　0592-2181365
网　　址　http://www.xmupress.com
邮　　箱　xmupress@126.com
印　　刷　厦门市万美兴印刷设计有限公司

开本　787mm×1092mm　1/16
印张　9.25
插页　2
字数　226 千字
版次　2016 年 11 月第 1 版
印次　2016 年 11 月第 1 次印刷
定价　22.00 元

本书如有印装质量问题请直接寄承印厂调换

厦门大学出版社
微信二维码

厦门大学出版社
微博二维码

总　序

国务院《关于加快发展现代职业教育的决定》指出，现代职业教育的显著特征是深化产教融合、校企合作、工学结合，推动专业设置与产业需求对接、课程内容与职业标准对接、教学过程与生产过程对接、毕业证书与职业资格证书对接、职业教育与终身学习对接，提高人才培养质量。因此，校企合作是职业教育办学的基本思想。

产教融合、校企合作的关键是课程改革。课程改革要突出专业课程的职业定向性，以职业岗位能力作为配置课程的基础，使学生获得的知识、技能满足职业岗位（群）的需求。至 2014 年 6 月，我院各专业完成了"基于工作过程系统化"课程体系的重构，并完成了 54 门优质核心课程的设计开发与教材编写。学院以校企合作理事会为平台，充分发挥专业建设指导委员会的作用，主动邀请行业、企业"能工巧匠"参与学院专业规划、专业教学、实践指导，并共同参与实训教材的编写。教材是实现产教融合、校企合作的纽带，是教和学的主要载体，是教师进行教学、搞好教书育人工作的具体依据，是学生获得系统知识、发展智力、提高思想品德、促进人生进步的重要工具。根据认知过程的普遍规律和教学过程中学生的认知特点，学生系统掌握知识一般是从对教材的感知开始的，感知越丰富，观念越清晰，形成概念和理解知识就越容易；而且教材使学生在学习过程中获得的知识更加系统化、规范化，有助于学生自身素质的提高。

专业建设离不开教材，一流的教材是专业建设的基础，它为课程教学提供与人才培养目标相一致的知识与实践能力的平台，为教师依据教学实践要求，灵活运用教材内容，提高教学效果，完成人才培养要求提供便利。由于有了好的教材，专业建设水平也不断提高，因此在福建省教育评估研究中心汇总公布的福建省高等职业院校专业建设质量评价结果中，我院有 26 个专业全省排名进入前十名，其中有 15 个专业进入前五名。麦可思公司 2013 年度《社会需求与培养质量年度报告》显示，我院 2012 届毕业生愿意推荐母校的比例为 68%，比全国骨干院校 2012 届平均水平 65% 高了 3 个百分点；毕业生对母校的满意度为 94%，比全国骨干院校 2012 届平均水平 90% 高了 4 个百分点，人才培养质量大大提升。

闽西职业技术学院院长、教授

2015 年 5 月

前　言

旅游景区是旅游业的重要组成部分，是旅游者产生旅游动机的直接因素之一。改革开放以来，我国旅游景区的开发建设、管理保护得到了各级政府和相关部门的重视。高质量、高品位、高水平的旅游景区享誉海内外，成为中国旅游业发展的生力军和国家旅游形象的重要体现。旅游景区在给地方带来经济效益的同时，其社会、环境、文化等综合效益也日益显现，特别是在弘扬民族文化、传播现代文明、拉动就业、增加收入、带动服务业发展、帮助传统行业寻求新的增长点等方面发挥着越来越重要的作用。

我国目前各类旅游景区、景点数以万计，但是在旅游景区数量不断增长的同时，游客对景区服务与管理的评价却不尽如人意。随着国民消费结构由生存型向发展型、享受型升级，旅游消费将会呈现加速发展之势，游客会对景区服务与管理提出更新、更高的要求。

本书针对高等职业教育院校旅游管理专业的必修课、理实一体化的性质，以实践性和实用性为宗旨，反映景区职业岗位群所需人才的知识技能和能力素质。克服传统的说教，强调知识的实践应用，落实教学项目实施，并进行实战训练，实现以知识运用、技能训练和能力提高来提升人才素质。

本书以国家旅游景区服务质量标准为依据，注重职业能力的培养；采用任务驱动模式，案例丰富，符合职业教育的特征。

本书包括七个项目，系统地阐述了旅游景区的基本概念与发展历史，从旅游景区的票务和交通、旅游景区的食宿、旅游景区的导游、旅游景区的娱乐和购物等方面论述了景区服务，在对旅游景区管理的基本知识进行阐述的同时，从景区的设施设备、景区的安全等方面论述了景区管理。

由于编者水平有限，书中浅陋与不当之处在所难免，敬请专家、学者和广大读者批评、指正，我们将在今后的教学实践中不断改进。

编　者
2016 年 9 月

目　录

项目一　旅游景区概述 ·· 1
　　任务一　旅游景区的概念 ··· 1
　　任务二　旅游景区的类型 ··· 2
　　任务三　旅游景区的发展历程 ·· 4
　　任务四　我国旅游景区存在的问题和创新途径 ····································· 6

项目二　旅游景区接待服务 ·· 10
　　任务一　票务服务 ··· 10
　　任务二　咨询和投诉受理服务 ·· 13

项目三　旅游景区解说服务 ·· 20
　　任务一　旅游景区解说服务概述 ··· 20
　　任务二　景区导游人员解说服务 ··· 21
　　任务三　景区自助式解说服务 ·· 25

项目四　旅游景区商业服务 ·· 36
　　任务一　旅游景区餐饮服务 ··· 36
　　任务二　旅游景区住宿服务 ··· 41
　　任务三　旅游景区交通服务 ··· 44
　　任务四　旅游景区购物服务 ··· 49

项目五　旅游景区设施管理 ·· 55
　　任务一　旅游景区设施概述 ··· 55
　　任务二　旅游景区设施管理 ··· 60
　　任务三　旅游景区设施安全管理 ··· 62

项目六　旅游景区安全管理 ·· 69
　　任务一　旅游景区安全概述 ··· 69
　　任务二　旅游景区常见安全事故的预防与处理 ···································· 74

项目七　旅游景区质量管理 ·· 92
　　任务一　旅游景区质量管理概述 ··· 92

任务二　旅游景区质量等级认证制度介绍 ··· 96

附录一　《旅游游景区质量等级的划分与评定》(修订)(GB/T 17775-2003) ············ 104
附录二　《旅游景区讲解服务规范》··· 118
附录三　《旅游景区服务指南》··· 127
附录四　《旅游景区质量等级管理办法》·· 136
主要参考文献·· 140

项目 1
旅游景区概述

知识目标
了解旅游景区的概念、分类；
了解我国旅游景区的发展历程；
理解旅游景区存在的问题和创新途径。

任务一 旅游景区的概念

旅游景区逐渐成为中国旅游业的主体，其发展现状和发展趋势对于中国旅游产业的发展具有越来越重要的影响。随着旅游业的发展，作为旅游业主要部门的旅游景区也在迅速发展，而且出现了许多新的特点和发展趋势。对旅游景区必须有一个基本认识才能更加深入地理解景区服务与管理。

一、旅游景区的概念

到目前为止，国内外学术界对旅游景区的概念还存在一定的争议，这主要是由于"旅游景区"这一概念的多样性造成的。在空间维度的语境下，景区经常被称为景点、旅游景区、旅游；在要素维度的语境下，景区经常被称为风景名胜区、森林公园、地质公园、遗产公园；在功能维度的语境下，景区经常被称为风景旅游区、旅游度假区、主题公园、自然保护区。中华人民共和国国家质量监督检验检疫总局 2004 年 10 月 28 日发布的中华人民共和国国家标准《旅游景区质量等级的划分与评定》（GB/T 17775-2003）指出：旅游景区（tourist attraction）是以旅游及其相关活动为主要功能或主要功能之一的空间或地域。该标准中旅游景区是指具有参观游览、休闲度假、康乐健身等功能，具备相应旅游服务设施并提供相应旅游服务的独立管理区。该管理区应有统一的经营管理机构和明确的地域范围，包括风景区、文博院馆、寺庙观堂、旅游度假区、自然保护区、主题公园、森林公园、地质公园、游乐园、动物园、植物园，以及工业、农业、经贸、科教、军事、体育、文化艺术等各类旅游景区。这是国内目前关于景区的权威概念。因此，这也是本书所讨论的旅游景区的定义。

从上述国家标准关于景区的定义可以看出，景区具有三个明显的特征。

（1）空间—地域性。景区是一个特殊形态的地域单元，这一地域空间一般存在明确的边界。

（2）功能—旅游性。景区是旅游者实现旅游目的的场所，是满足旅游者旅游需求的功能载体。

(3)经营—管理性。景区有专门的机构实施经营管理,提供相应的旅游设施和服务,对游客进入实施有效的管理。

旅游景区是旅游者产生旅游动机的直接因素之一,是一个国家人文资源和自然景观的精华,是社会发展的标志,也是旅游目的地形象的重要体现。与旅游景区相近的概念包括旅游区、风景名胜区。

(一)旅游区

我国国家标准《旅游区质量等级的划分与评定》中规定:旅游区为"经县级以上(含县级)行政管理部门批准成立,有统一管理机构,范围明确,具有参观、游览、度假、康乐、求知等功能,并提供相应旅游服务设施的独立单位,包括旅游景区、景点、主题公园、度假区、保护区、风景区、森林公园、动物园、植物园、博物馆、美术馆等"。

(二)风景名胜区

国务院于 1985 年 6 月 7 日发布的《风景名胜区管理暂行条例》中将风景名胜区概括为:"凡具有观赏、文化或科学价值,自然景物、人文景物比较集中,环境优美,具有一定规模和范围,可供人们游览、休息或进行科学、文化活动的地区。"

风景名胜区和旅游区的概念有相同之处,也有不同之处。首先,两者都具有游览、观赏的作用;其次,都强调应是由自然或人文景物组成。两者也有不同之处,前者是以"风景"和"名胜"为主的自然和人文景物,忽略甚至不包含一些主题公园、博物馆等,也不包括相应的旅游基础设施和服务设施;而后者范围较广,几乎将所有可以为旅游业所利用的资源都作为旅游区,而且强调了在这些区域里能提供相应的旅游服务设施。这样看风景名胜区应该是旅游区的组成部分。

微型资料 1-1

风景名胜区有如下三种类型:

1. 以自然风光为主的风景名胜区:(1)山地型风景名胜区:黄山、泰山等;(2)特殊地质地貌型风景名胜区:五大连池、川西黄龙寺、贵州织金洞(洞穴型);(3)陆地水体型风景名胜区:九寨沟、太湖;(4)陆地生态型风景名胜区:西双版纳;(5)海滨海岛型风景名胜区:三亚、秦皇岛、青岛、厦门。

2. 以名胜古迹为主的风景名胜区:承德避暑山庄和外八庙(古建筑)、韶山(名人故居)、洛阳龙门山(摩崖)。

3. 自然风光和名胜古迹兼备的风景名胜区(复合型):岳阳楼洞庭湖、江苏蜀岗瘦西湖。

任务二 旅游景区的类型

旅游景区的类型有着不同的划分标准,可以从资源类型、功能特征、经营方式、成因、质量等级等方面进行划分。

一、按照资源类型划分

按照旅游资源的类型,可将旅游景区划分为三类,即自然景观类景区、人文景观类景区和混合型景观类景区。自然景观类景区是指以自然环境的特色为基础的景区。例如,有特色的山水风景、气象气候、植物、动物等。自然景观类景区还可以按照地貌类型划分为山岳型、海滨型、内湖(河)型、草原型、沙漠型等。人文景观类景区可以划分为由历史文化名城、古代工程建筑、古代园林等组成的遗产类景区和由主题公园、游乐园、主题街区、工农业特色园区等组成的现代吸引物两种类型。在很多旅游景区中,自然景区里也有着人文建筑和设施的存在,因此通常是自然景观和人文景观的混合型旅游景区。

二、按照景区功能特征划分

根据景区的主导功能差异,可将旅游景区划分为观光类旅游景区、度假休闲类旅游景区、科考探险类旅游景区、宗教类旅游景区。

观光类旅游景区具备独特、优美的自然景观和人工景物,有较高的美学价值,主要以江、河、湖、海、山、林、瀑布、岩溶、气候、气象变化等为主要景点,如张家界、九寨沟等都属于此类旅游景区;度假休闲类旅游景区是拥有高等级的环境质量和服务设施,为旅游者提供度假、康体、休闲等服务的独立景区,以气候、矿泉、温泉、海水为条件,开展健身疗养活动,如河北承德避暑山庄、福建莆田的湄洲岛旅游度假区等;科考探险类旅游景区是指以自然资源为主构成,并且有科学研究价值的景区,如雅鲁藏布江大峡谷、金华双龙洞、湖北神农架等;宗教类旅游景区主要是开展宗教朝拜和宗教圣地观光旅游活动的景区,如四大佛教名山(山西五台山、浙江普陀山、四川峨眉山、安徽九华山)和四大道教名山(湖北武当山、四川青城山、江西龙虎山、安徽齐云山)。

三、按照景区的成因划分

美国学者C.R.戈尔德耐、J.R.布伦特·里奇、罗布特·麦金托什在2003年所著的《旅游业原理、方法和实践》一书中,根据景区形成的原因将景区划分为文化、自然、节庆、游憩和娱乐等五种类型。这种分类方法被人们称为景区类型的"五分法"(如图1-1所示)。

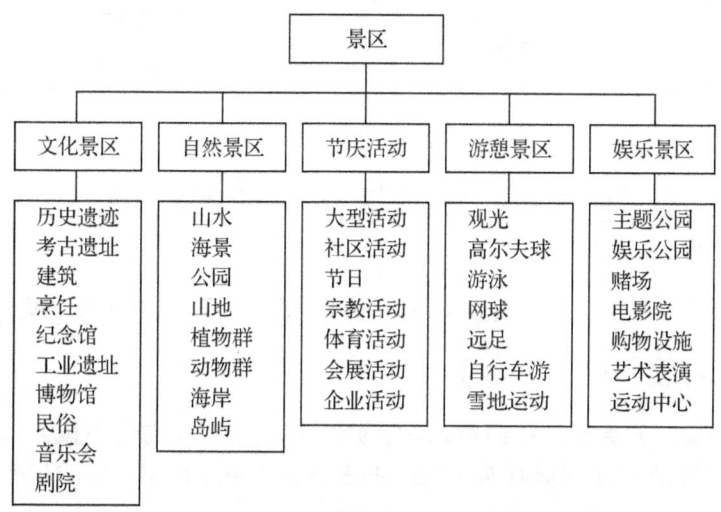

图1-1 旅游景区类型的"五分法"

四、按照景区质量的等级划分

国家质量监督检验检疫总局 2003 年发布的《旅游区(点)质量等级的划分与评定标准》(GB/T 17775-2003)中规定,将旅游景区(点)划分为五种等级类型,即 A 级、AA 级、AAA 级、AAAA 级、AAAAA 级。该标准规定,从旅游交通(145 分)、游览(210 分)、旅游安全(80 分)、卫生(140 分)、邮电服务(30 分)、旅游购物(50 分)、综合管理(190 分)、资源与环境保护(155 分)8 个方面,对旅游景区进行评分,全部项目满分为 1 000 分。A 级、AA 级、AAA 级、AAAA 级、AAAAA 级景区分别需要达到 500 分、600 分、750 分、850 分和 950 分。

五、按照旅游景区管理归属来划分

我国旅游景区管理主体有许多种,以景区的管理部门作为分类依据,形成了我国现有旅游景区管理主体分类系统(见表 1-1)。

表 1-1　我国旅游景区管理主体分类系统

旅游景区主管部门	分类结果	
	分类系统	分级系统
国家住房和城乡建设部	风景名胜区	国家级风景名胜区
		省级风景名胜区
国家林业局	森林公园	国家级森林公园
		省级森林公园
国家旅游局	旅游度假区	国家级旅游度假区
		省级旅游度假区
国家环保总局/国家林业局	自然保护区	国家级自然保护区
		省级自然保护区
国家文物局	文物保护单位	国家级文物保护单位
		省级文物保护单位
国土资源部	地质公园	国家级地质公园
		省级地质公园

任务三　旅游景区的发展历程

我国旅游景区经历了四个发展阶段:萌芽阶段、低迷阶段、兴旺阶段和提升阶段。

一、萌芽阶段(—1840 年)

我国的旅游景区起源于传统园林,人们通常把 1840 年以前的中国园林称为"古典园林"。中国古典园林起源于商周时期的"囿",即从天然地域中圈出一定的范围,挖池筑台,放养禽兽,作为帝王贵族狩猎的地方。秦汉之际,原始的"囿"已经发展成为帝王宫苑。汉武帝时扩建的"上林苑",方圆达300里。魏晋南北朝时出现了以自然山水为主题的园林。这类园林追求天然的情趣和超然的境界,为后世的园林文化奠定了基础。唐宋时期,国力昌盛,帝王、文人士大夫都在城内外建造了园林,画家和诗人也参与到园林文化的创作中。明清两朝是我国园林文化发展的鼎盛时期,所建造的园林数量和质量都大大超过了历史上的任何时期。

二、近代的低迷阶段(1841—1949年)

这一阶段是中国景区饱受摧残的阶段。第一次鸦片战争的打响,打开了中国的国门,西方殖民主义者的侵略和欺辱使得中国国力衰竭,民不聊生。直至1945年第二次世界大战结束,中国才摆脱帝国主义列强的侵略。这期间,不仅中国大量的古典园林被西方人霸占,更是出现了"火烧圆明园"的悲剧。直到1949年中华人民共和国成立,中国景区的发展才迎来了春天。

三、现代的兴旺阶段(1950—1999年)

新中国成立后,中国旅游业经历了复苏、停滞和大发展三个阶段。

新中国成立初期,中国政府在城市发展过程中配套建设了大量的休闲公园。这些城市休闲公园不仅继承了中国古典园林的优良传统,而且吸收了西方城市公园的优点,全面拓展了休闲娱乐功能,使休闲公园成为城市生活的一部分。另外,传统的风景名胜区也成为人们精神生活的重要内容。中国的景区在这一阶段得到了全面的复苏。

"文化大革命"期间,我国文化、经济等各方面受到了严重的干扰和冲击,景区也因此处于停滞甚至崩溃阶段。

1978年,改革开放政策的实施,在促进国民经济发展的同时,也使旅游业呈现出欣欣向荣的蓬勃发展景象。20世纪80年代初,国家公布了首批历史文化名城(24个)和国家级风景名胜区(44个),极大地推动了我国景区的建设和发展。改革开放以来,国家出台了相关政策,中国旅游业经历了从接待入境旅游发展到入境旅游、国内旅游和出境旅游全面发展的阶段。旅游者的需求也越来越多样化,促使景区朝着产品多样化、特色化方向发展,出现了体育旅游、乡村旅游、红色旅游、节事旅游等,景区类型逐渐增多,景区产品不断创新,增加了许多互动节目,提供给游客愉悦的体验。旅游景区进入了大发展时期。

四、当代的提升阶段(2000年至今)

21世纪以来,随着我国旅游大国地位的确立,中国旅游业实现了第二次战略转型。这一阶段的旅游景区非常重视规划开发工作,使景区朝着规范化方向发展。旅游景区环境优化,在服务管理和接待设施等方面都有了较大的完善,并且开始注重与周边社区居民的和谐相处,共同保护环境,提高经济效益。旅游景区已逐渐重视形象建设和市场定位,努力开展品牌塑造和对外营销,提高市场占有率。景区的数量和质量全面进入了提升发展阶段。

任务四　我国旅游景区存在的问题和创新途径

一、我国旅游景区存在的问题

我国旅游景区虽然在各方面都取得了一定的成就,但是实践表明,旅游景区在运作时与其他环节的沟通上仍存在诸多问题。

(一)旅游景区体制复杂、管理政出多部门

旅游景区的体制已经成为束缚我国旅游景区发展的最大障碍,而其中最令人关注的是旅游景区的所有权和经营权问题。目前,我国旅游资源分属不同的部门,包括林业、建设、宗教、文化等部门,有的旅游景区分属几个部门管理,各部门承载的社会责任及行业功能不同,考虑问题出发点也不同,为了自身的利益,景区开发各自为政,缺乏全局观念,难以产生协同整体效应。

(二)无序开发、建设重点不突出造成了资金的浪费

一方面,在国家统一投资开发旅游景区的过程中,一些职能部门受利益驱动,在景区内乱开发建设,造成浪费。另一方面,各地为了争项目、争投资,开发资金并没有投入重点项目当中,而是盲目建设了大量低层次的景区设施,浪费了有限的资金。

(三)旅游景区资源与环境的破坏

由于受短期利益驱动,旅游景区在开发的过程中往往只注重开发利用资源,而忽视旅游资源的保护,结果致使很多现有的旅游资源价值降低,并导致生态环境的恶化。特别是一些投资开发者,忽视科学规划,在开发过程中大量建造游乐设施和不必要的建筑物,运营时不注意控制旅游景区的环境容量,过度接待旅游者,导致旅游资源、旅游环境被过度利用而导致旅游资源遭到破坏。所以,要用科学的发展观开发建设景区,处理好旅游景区开发与保护的关系。

(四)旅游产品质量和服务质量的滞后

目前,在我国的旅游景区中普遍存在着产品老化、内容单一、主题重复、缺乏变化的现象,而且,景区内的各项配套服务设施、服务内容不完善,景区接待服务能力差。这些都导致了旅游景区"新、奇、特"的丧失,使景区失去了吸引力和竞争力。正是由于这些问题的存在,使得中国景区在经营发展中的专业化水平低、市场适应性差、可持续发展后劲不足,难以适应旅游业的发展。

二、我国旅游景区开发创新的途径

(一)理念创新——突破传统景区开发思维

传统的旅游景区开发思想受到保护观念的束缚,使旅游景区的开发放不开,没有形成大

规模、大动作和大项目。随着我国旅游产业规模的不断扩大,旅游景区的进一步开发将成为我国旅游产业发展的又一助推器,因此我们要在合理保护的前提下,将实现旅游景区开发效益的最大化、持续化作为旅游景区发展的一个重要任务。促进旅游景区效益最大化、持续化的措施很多,诸如整合观念、整合资源、整合产品、整合战略、整合先进项目、整合管理体制等。一个旅游景区经营效益的好坏,关键在于能否创新品牌、深挖文化和形成特色。在开发理念上,应强化旅游景区的亮化、美化、洁化工程,使旅游景区开发有亮点、重点,并坚持自然和人文产品相融合,找准市场卖点、切入点。旅游景区开发理念的创新主要表现在以下几点:

1. 整合景区资源

将旅游景区资源引入区域发展理念当中,把具有核心竞争优势的资源作为主体进行深度和广度挖掘,开发出独具特色的风景、文化、动物、植物、气候、历史遗迹等多种资源。这使旅游者有更多的对比和选择,避免了资源雷同和恶性竞争,推出更大、更响的品牌,进而扩大区域的市场竞争力,增加旅游吸引力。

2. 社区参与

景区与社区的协调发展,为开发和保护工作创造了有利条件。社区居民是旅游产品的核心,景区开发要从社区利益出发,控制开发过程,追求景区经济、社会、文化与生态之间的平衡。社区参与,使居民的利益得到了保障,使居民具有"主人翁"的感觉,在景区的开发过程中,主动积极地配合景区的开发,使景区开发得以顺利进行。

3. 保护是为了更好的开发

开发需要保护,而保护是为了更好的开发,要以"保护是开发的前提"的理念指导整个开发过程。立足保护自然、改善自然、完善自然,确保资源的真实性和完整性,使景区生态环境得到持续改善。当然,保护不仅是对原有景观的保护,还要用科学的方法进行维护。景区开发要保护原生态的文化和社区居民的利益,使景区的经济效率、社会公平与环境达到完整的统一,实现持续发展。

4. 人与自然、人与人之间的和谐

景区管理者在开发过程中,在正确处理人与自然之间关系的过程中,人与人之间的和谐更为重要,只有人与人之间达成内在的和谐,才能更好地维系人与自然之间的和谐。立足人际间的和谐,为游客营造安全有序的旅游秩序,提供周到、细致的服务,营造出务实、和谐、协作的良好氛围。

5. 塑造特色品牌

景区在资源优势的基础上,要勇于探索、敢于创新,根据市场的需求,适时调整产品策略,整合优势,亮出自己的特色。另外还要提高服务质量,完善服务设施和服务内容,树立"品牌"意识,提高景区的竞争力。

6. 引入私营资本

国家对旅游景区开发的拨款有限,无法满足日益增长的旅游需求,私营资本的引入能缓解旅游景区开发中国家投资资金不足的问题。而我国旅游景区高品位、精品化的发展,也为民营企业提供了实现资本扩张、增加新的利润增长点的机会。

(二)体制创新——所有权与经营权相分离

随着我国经济改革和转型的深入以及地方发展旅游经济竞争的需要,我国旅游景区的产权制度改革必将进一步展开。旅游景区体制创新是景区发展的保障。景区体制创新是指对景区管理体制、经营体制等多方面进行创新,从而为景区开发提供一个有利稳定的环境,实现景区的持续发展,旅游景区的企业化经营势在必行。而实现旅游景区的企业化经营最关键的是旅游景区如何出让经营权的问题。目前出让经营权的方式很多,主要有租赁经营、委托经营以及买断、拍卖等,具体操作没有统一的范本或标准,一般由各地自行界定,因此也不可避免地存在诸多问题,例如,因景区资源价值缺乏客观判断而导致在出让过程中被低估,以及由此伴生的寻租行为等不法现象;因监督机制不健全而出现的民营企业获得经营权后不进行合理开发,以及圈地现象等。因此不管是从我国旅游景区发展的需要还是从面临的大环境出发,都有必要进行旅游景区管理体制的创新,切实做好旅游景区所有权与经营权分离的工作,制定相应的保障措施和监督制度,加强政府对旅游景区规划监督和政府部门监管的力度,使旅游景区经营权的出让确实能够促进旅游景区的开发,并在一定程度上制止旅游景区的经营行为对生态环境和资源造成的破坏。

1. 管理体制创新

景区管理体制的创新就是在景区的开发中,充分发挥政府的导向作用,加强政府的宏观管理能力,促进景区的健康发展。对于景区来说,一是明晰旅游主管部门的职权,权责利要相对应,避免部门之间的扯皮;二是旅游管理部门与经营部门分开,政企分开、政事分离,保持开发与保护并举;三是搞好地区接待设施建设,增强对旅游者的接待能力;四是搞好交通建设,使旅游者进出方便。

2. 经营体制创新

旅游景区经营体制的创新主要在于谋求所有权与经营权的适当分离。所有权与经营权分离,使景区经营者与管理者的直接经济利益被分割,使政府的监督权得到了有效落实,变"封闭式"管理为"透明式"管理,避免了旅游景区的破坏。而且景区经营权的出让,可以激活旅游资源效应,同时还可以引入不同性质的资本参与旅游景区的开发经营,吸收先进的管理方式和经营理念,解决景区开发的资金问题。

(三)营销创新

营销创新是更高层次的市场营销活动,包括理念、领域、渠道、手段等方面的拓展,其目的是让更多的潜在顾客识别和认可景区,进而选择景区,并逐步建立起对景区的品牌忠诚。

(四)产品创新

旅游产品的创新,即产品的创造性开发和竞争性开发,创造需求,把潜在的东西更深层次地挖掘出来,以创新带动需求,引导消费潮流。在旅游市场激烈的竞争中,旅游产品的创新是旅游景区的生命线,将直接影响旅游景区的品牌形象和核心竞争力。

(五)服务创新

旅游景区应给旅游者营造一个安全、卫生、舒适、轻松、方便的旅游休闲环境。硬环境方面是食、住、行、游、购、娱六大要素配套,软环境方面是要提高服务水平与技巧,强化全员服务意识,树立游客至上的服务观念。要想使游客对景区留下美好回忆,就必须对景区服务进行不断创新。

景区整体质量的优化,需要大批高素质的从业人员。作为景区的员工,必须要具有"4S"服务理念:一是 smile,即亲切、和谐,景区员工要以微笑来面对每位游客,让游客感受到亲切与和谐;二是 speed,即速度、效率,在有效的时间内,以最快速度,高效率地解决客人的求助;三是 non-specialist,即专业,景区从业人员能利用自己的专业水平,合理配置景区内的有效资源,完善各种设施,为游客创造一个舒适的游览环境;四是 satisfaction 即满意,"一切以游客为主",以高质量的服务使游客达到满意,给游客留下难忘的回忆。"4S"服务理念是服务创新的高度概括,是服务创新的精髓所在。

项目小结

在本项目中通过介绍旅游景区与旅游资源、旅游目的地、风景名胜区等基本概念与区别,旅游景区的特征和功能,中国景区的发展历程,要求学生掌握旅游景区的相关概念,了解旅游景区的分类和功能。同时从我国旅游景区存在的问题入手,介绍了景区开发创新的途径和方法。通过对旅游景区基本知识的学习,树立服务意识,并且能在具体的工作实践中灵活运用各种服务和管理概念。

项目实训

1. 查阅资料,了解你家乡所在的省(自治区、直辖市)拥有的主要旅游景区,并进行分类;对其中等级较高的旅游景区进行深入探究(有条件可以实地走访调研),分析其资源、服务和管理方面的特色。

2. 阅读《中国旅游报》(纸质版或电子版),或登录第一旅游网(HTTP://WWW.toptour.c),关注"景区"板块,了解并整理相关资讯;每周开展一次"资讯分享十分钟"活动,师生互动交流该板块每周的精彩资讯。

项目 2
旅游景区接待服务

> **知识目标**
> 掌握售票业务流程及规范;
> 掌握验票服务流程;
> 掌握旅游景区游客投诉的原因和处理程序。

服务对旅游行业而言,其重要性众所周知。为游客提供优质服务是景区获得游客认可和青睐的重要因素。加强服务质量的管理、提高服务质量是景区经营管理的一个重要课题。

任务一 票务服务

一、售票服务工作流程

(一)售票前准备的内容

1. 准时上(下)班,着工装,佩工卡,按规定要求签到(签退),遵守景区的劳动纪律。
2. 查看票房的门窗、保险柜是否正常。
3. 搞好票房内及售票窗外的清洁工作。
4. 开园前挂出当日门票的价格牌。若当日由于特殊原因票价有变,应及时挂出价格牌及变动原因。
5. 领班根据前日票房门票的结余数量及当日游客的预测量填写门票申领表,到财务部票库领取当日所需各种门票,票种、数量清点无误后领出门票,并分发给各售票员。
6. 根据需要到财务部兑换所需的零钞。

(二)售票工作流程

1. 游客走近窗口,售票员要态度和蔼、举止大方、语言清晰、讲究礼仪、文明待人,向客人问候:"欢迎光临!"并向客人询问需要购买的票种和票数。
2. 售票员根据本景区门票价格及优惠办法向客人出售门票,主动向客人解释优惠票价的享受条件。售票时做到热情礼貌、唱收唱付。
3. 售票结束时,售票员向客人说"谢谢!""欢迎下次光临!"等。
4. 向闭园前一小时内购票的游客提醒景区的闭园时间及景区内仍有的主要活动。
5. 游客购错票或多购票,在售票处办理退票手续,售票员根据实际情况办理,并填写退票通知单,以便清点时核对。

6. 根据客人需要,实事求是地为客人开具售票发票。

7. 交接班时认真核对票、款数量,核对门票编号。

8. 售票过程中,票、款出现差错的,及时向上一级领导反映,长款上交,短款自补。

9. 热情待客,耐心回答客人的提问。游客有冲动或失礼行为时,应保持克制态度,不能恶语相向。

10. 耐心听取游客批评,注意收集游客的建议,及时向上一级领导反映。

11. 发现窗口或附近有炒卖门票的现象要及时制止,并报告保安部。

(三)售票服务工作难点

1. 假钞问题

售票工作中很容易收到假钞,售票人员一旦收到假钞,按规定需由当班人员进行赔偿;有时售票人员在找补过程中也会和游客为钞票的真伪发生争执,导致不愉快情绪的产生。所以,售票人员应具备一定的鉴别货币真伪的知识,以避免收到假钞。

> **微型资料2-1**
>
> 规避假钞问题的几种措施如下:
> (1)景区如有条件,应为每一个售票岗位购置功能齐全、准确的验钞机。
> (2)景区应有计划地请专业人员来为有关员工开展防伪钞培训活动,掌握辨认假钞的能力。
> (3)值得注意的是,收款时最好不要当着游客的面把钞票一张一张拿到灯下去看,这样做会让游客感觉不舒服,缺乏信任感。这也要求售票人员掌握较娴熟、自然的方法有效地鉴别货币的真伪。发现有问题的钞票,应与游客礼貌协商,请其重新换一张,找补后请游客自己验证。

2. 钱在人在,交接清楚

在售票工作当中,必须要保管好自己的钱箱。钱一定要当面点清,但在实际的工作过程中,特别是旅游旺季,游客众多的时候难免会发生顶替上岗或请人代换零钞等情况,这个时候有些工作人员可能会因为嫌麻烦或面子问题(担心当面点清是对对方的不尊重和不信任)而省略了当面交接这一程序,事后一旦发生差错往往后悔莫及、有口难辩。所以,每一位售票人员都应树立"钱在人在,交接清楚"的观念。

3. 优惠票之争

一般的景区都会对不同人群实行差别定价,如小孩身高在1.1米至1.3米之间的只需买半票,而1.1米以下的则免票。虽然在售票窗口和验票处都会有测量身高的刻度,但每个售票员可能都有过与游客争论高矮的经历。遇到该类情况,景区售票员应掌握以下原则:

(1)不要与游客发生争执,应热情、礼貌地向游客说明门票价格优惠制度,争取游客的理解。

(2)向游客解释时,应注意说话的方式,尽量站在游客的立场上进行表达,比如适当赞美游客的小孩,并善意提醒家长孩子知道他(她)有多高,不要在孩子的心里留下阴影。

(3) 遇到个别尤其固执的游客,也可灵活处理。比如请他(她)做一次质量监督员,对景区服务的各个方面提意见,作为回报,他(她)可以免票入园。

景区另外还有团体票、假日票等,售票人员应灵活机动,具体问题具体分析。

> **微型资料 2-2**
>
> 　　旅游景区接待服务文明用语:①您好,欢迎光临××景区。②您好,请收好门票,景区内有××个景点需要验票。③谢谢,欢迎下次光临。④对不起,您的证件不符合免票规定,请到售票处补票,谢谢。⑤请拿好票,往这边走,祝您玩得愉快!⑥您好,需要帮忙吗?⑦对不起,这个问题我现在无法回答,让我了解清楚再告诉您,请留下您的联系方式。⑧对不起,请再重复一遍。⑨您好,这是××景区咨询员为您服务。⑩这是我们工作的疏漏,十分感谢您提出的批评。

二、验票服务

验票工作关系着景区经济效益能否真正实现,同时也担负着维护景区良好秩序的重要职责。随着现代科技的发展,越来越多的景区使用电子检票系统,但仍需要有工作人员提供服务。

(一)验票工作流程

验票服务的工作流程分为工作前、工作中、工作后三个阶段。这三个阶段包括如下几点内容:

1. 开园前做好入园闸口周围的卫生工作,备好导游图,做好开园准备。

2. 开园后工作人员站在检票位,保持站立,精神饱满,面带微笑,首先向游客点头示意,用标准普通话热情礼貌地回答游客询问,掌握票价、景区名称、礼貌用语等简单的英语对话。

3. 游客入闸时,验票员应要求客人人手一票,并认真查验。设有自动检票机的景区,验票员应监督、帮助游客通过电子检票系统检票,当自动检票机出现故障时及时进行人工检票。不得出现漏票、逃票、无票放人现象,并向游客用"您好,欢迎光临""谢谢,祝您旅游愉快"等礼貌用语。

4. 控制人流量,维持出入口秩序,避免出现混乱现象。对持无效门票入园的游客,说明无效原因,要求客人重新购票。

5. 熟悉《门票价格及优惠办法》,并按要求查验,验票准确、迅速。

6. 熟悉旅行团导游、领队带团入园的查验方法及相应的免票入园规定。团队入园参观时,需登记游客人数、来自国家(地区)、旅行社名称等信息。

7. 残疾人或老人入园时,应予以协助。

8. 始终保持闸口的有序和卫生,保持安全通道畅通。

9. 如遇闹事滋事者,应及时礼貌制止、耐心说服,如无法制止,立即报告保安主管。切忌在众多游客面前争执,应引到一旁进行处理。

10. 下班前填写工作日记。

三、入口排队服务

景区入口是游客进入景区的第一印象区,是关系到形象的大问题。由于旅游的季节性较强,经常会出现旅游旺季入口堵塞的情况,造成游客长时间排队等候。另外,景区内游客必玩项目也很容易出现排长队的情况,如果分流措施不力,会降低游客的满意度,损害景区的声誉。

排队服务是在不同的地方根据游客流动规律采取不同的队形和接待方式。一般队形分为传统单列单人形、单列多人形、多列多人形、多列单人形、主题队形。各种队形各有优缺点,如表 2-2 所示。

表 2-2 各种队形的特点

类型	特点	优点	缺点	改进措施
单列单人形	一名服务员	成本低	等候时间难以确定,游客进入景区的视觉有障碍	设置座位或栏,标明等候时间
单列多人形	多名服务员	队列行进速度较快	人工成本增加,队列后面的人仍感觉视线较差	设置座位或栏,队列由纵向改为横向
多列多人形	多名服务员	接待速度较快,视觉进入感缓和,适用于游客流量较大场合	成本增加,队列速度可能不一	不设栏杆可以改善游客视觉进入感
多列单人形	一名服务员	视觉进入感缓和,人工成本低	队首是否排好非常关键;栏杆多,成本增加;游客需选择队列	外部队列位置由纵向改为横向,可以改善视觉进入感
主题形队列	超过两名服务员	视觉及时间改进;有信息展示;排队硬件改造	增加硬件建设成本	单列变双列

任务二 咨询和投诉受理服务

一、咨询服务

向游客提供咨询服务应该是景区每一个员工应尽的职责,但主要由游客中心来完成。游客中心向游客提供接待导览、咨询、失物招领、投诉受理、免费寄存物品、婴儿车出租、医疗救护、电子触摸查询系统、放映厅、展览厅、咖啡厅、旅游纪念品展示和销售等多种服务。咨询服务的工作要点有以下几条:

1. 准时上岗,按规定着装,化妆得体,参加班前会。
2. 做好咨询台周边的卫生工作,以饱满的精神状态准备迎接游客的到来。
3. 阅读工作日志,了解一天游客咨询的主要内容。

4. 接受游客咨询。接受游客询问时的基本礼仪如下:

(1) 接受游客询问时,应双目平视对方,全神贯注,集中精力,以示尊重与诚意,专心倾听,不可三心二意。

(2) 答复游客的询问,要做到有问必答、用词得当、简洁明了,不能说"也许""大概"之类没有把握、含糊不清的话。自己能回答的要随问随答,绝不能推诿,不清楚的事情不要不懂装懂、随意回答,更不能轻率地说"我不知道"。经过努力确实无法回答的,要向游客表示歉意,说"对不起,这个问题我现在无法回答,让我了解清楚再告诉您"。

(3) 如果多人同时询问,应先问先答,急问急答,注意客人情绪,避免急慢,使询问不同问题的游客都能得到适当的接待和满意的答复。

(4) 在咨询工作中遇到疑难问题,应灵活应变,事后应积极寻找答案,积累经验。

(5) 接待游客时应谈吐得体,不得随意探寻游客隐私,言谈不可偏激,避免夸张论调。

(6) 工作时不要与他人闲聊或大声说话,遇急事不要奔跑,以免造成游客紧张。

(7) 不要和一位游客谈话太久,而忽略了其他需要服务的游客。

(8) 对游客不能以貌取人,应一视同仁、热情接待。

5. 了解本景区最新的动态信息。这些信息包括景区内开展活动的内容、时间和参加办法等,及时向游客提供游览景点的路线、购物和休息等有关信息,为游客在本景区旅游做好参谋,并尊重游客的风俗习惯。

6. 在接受游客提出的服务要求时,应问清细节,做好记录,及时向有关部门反映。

7. 对游客关于本地及周边区域景区情况的询问提供耐心、详细的答复和游览指导。

游客总是遵循效益最大化的原则,即花最少的钱游览最多的景点。所以,游客一般会认为既然到了一个景区,最好能顺便去看看周边的景区。但是现在景区之间的竞争越来越激烈,尤其是同资源、同产品、同市场的景区,所以,当服务人员被咨询到周边竞争对手的情况时,往往就有点不大情愿介绍或者有意无意地贬低对手。现在社会是一个合作竞争的时代,如果景区之间能够互设游览资料、工作人员相互宣传,则会做大市场,产生集聚效应,最后获得双赢。

8. 接听、回答电话咨询时要热情、亲切、耐心、礼貌,使用敬语。咨询服务人员经常通过电话与游客交流,必须掌握好电话使用艺术。基本的沟通艺术有以下几点:

(1) 随时准备处理来电并迅速作答。电话旁要常备记录用的办公用品,如纸和笔,确保在自己的工作区域内能够很方便地使用电话。在电话铃响两声之内接听电话能体现出效率及乐意提供服务的意愿。

(2) 直截了当地报上自己的名字或部门的名称。无论是接听电话还是打电话,尽快亮明自己的身份是良好礼仪的表现。注意不要称呼自己为女士、先生或加上头衔,这样会让人听起来有盲目自大的感觉。

(3) 让你的谈话得体又有效。说话时语气要柔和。如果没有听清楚对方的名字,应该有礼貌地问"对不起,我没听清您的名字。您能再重复一遍吗?"还应使谈话围绕对方提出的问题或其关心的事情。如果不能提供直接帮助,也要表明很愿意为对方服务的态度。

(4) 说话要清楚、明确。说话时表达和吐字要清楚,话与话之间要有轻微停顿,而不能因为说过多遍而表现出懒洋洋的态度,或者用机械的、不友好的态度重复问候语。

(5) 说话自然而愉快。带着笑容的谈话效果最佳,语气友好,应答自然,谈话声音要引起听者的兴趣。

(6)不要出现"冷场"。始终用语言表现已经听到了对方的话,不要对对方发表的意见没有反应。谈话过程中不可让对方久等,如果因手头有其他事情需要处理而必须久等,可以建议对方先挂,过会儿再打回去。

(7)愉快而准确地记录留言。要积极帮别人留言,把记下的信息读一遍给对方听,确保信息的准确性,并向对方保证留言传到。

(8)让谈话有一个愉快而有效的结束。及时传递感激之情,有些景区要求以"谢谢你打电话给××景区"作为问候语,谈话结束时一句"感谢您打电话来"也可强有力地提高对方的满意度。在结束谈话前要总结谈话内容,并适当称赞对方,如"跟您谈话很愉快"等。

(9)通话完毕,互道再见后,一般由打电话者先收线。

(10)不能随意透露单位领导或同事的私人电话号码。

二、投诉受理服务

(一)正确看待游客投诉

1. 投诉是游客对景区信赖的象征

游客的抱怨或投诉是游客对景区信赖的现象之一。因为游客对其产品和服务有着很高的期待,因此,他们有权提出最强烈的抱怨。美国华盛顿特区的技术援助研究项目的统计数据表明,每一个不满意的游客会将其体验至少告诉七个人。因此,旅游景区必须正确处理游客的投诉与抱怨。

2. 将游客投诉视为建立忠诚的契机

有研究发现,提出抱怨的顾客,如果问题获得圆满解决,其忠诚度会比从来没有提出问题和抱怨的顾客高。景区解决问题的热忱,会让顾客更加信赖该景区,为未来的业务奠定基础。据统计,会提出抱怨的顾客比不提出抱怨的顾客,其购买意愿高了一倍。景区每一位员工都应该树立这样一个理念:游客的投诉是景区发展的机遇,因为投诉为景区未来的发展指出了改进的方向。

(二)游客投诉内容分析

1. 对景区人员服务的投诉

这一类投诉,是由于景区服务人员素质不高、服务水平低下、服务观念存在问题而产生的,它占景区投诉量的绝大多数。具体包括:

(1)服务态度太差

①不回答游客的询问,或回答时不耐烦、敷衍了事、出言不逊。

②服务动作粗鲁,反应迟钝。

③不注重个人卫生,手放入杯中或盘中,点完钞票的手又去拿食品。

④漠视游客的意见,游客提出要求后久久不来。

⑤服务语言使用不当。

(2)服务技能有待提高

①工作程序混乱,效率低下。
②账单金额错误,记错账单。
③上菜、上酒与所点菜单不一致。
④寄放物品遗失或调错。
⑤不征求游客的意见,强迫游客与不相识的人坐不愿意坐的位子,住不愿意住的房间,乘不愿意乘的车。
⑥漏点或错点游客的人数。

2. 对景区服务产品的投诉

(1)价格投诉,如景区门票价格太高,特别是园中园重复购票,商品价格或服务项目收费过高,随意宰客。
(2)饭菜质量太差,口味、卫生不能令游客满意。
(3)游客所买商品、酒水与样品不一致。
(4)最佳观景点被承包经营者占据,拍照需付额外的费用。
(5)寄存物品、租车、乘船不方便,结账方式落后。

3. 对景区硬件及环境的投诉

(1)没有或缺乏卫生设施,或卫生设施条件太差,如厕所有异味等。
(2)住宿条件简陋,桌面、椅子、毛巾、地毯、窗帘、碗筷有破损或不干净。
(3)没有与景区配套的娱乐项目,没有歌舞表演,缺少儿童娱乐或活动项目。
(4)发生安全事故、意外事件,治安状况太差,缺乏安全感。
(5)旅游气氛太差,小贩穿梭其间,追客强行兜售。
(6)交通混乱,车辆摆放无指定地点。

(三)游客投诉心理分析

1. 求尊重的心理

游客求尊重心理是最基本的心理,当游客受到怠慢时就可能引起投诉,投诉的目的就是为了找回尊严。游客在投诉之后,都希望别人认为他(她)的投诉是对的,是有道理的,他们希望得到同情、尊重,希望有关人员、有关部门高度重视他们的意见,向他们表示歉意,并立即采取相应的处理措施。

2. 求平衡的心理

游客在碰到令他们感到烦恼的事之后,感到心理不平衡,觉得窝火,认为自己受了不公平的待遇。因此,他们可能就会找到景区有关部门,通过投诉的方式把心里的怒气发泄出来,以求得心理上的平衡。人在遭到心理挫折后有三种主要的心理补救措施:心理补偿、寻求合理解释而得到安慰、宣泄不愉快的心情。游客之所以投诉,还源于游客对人的主体性和社会角色的认知。旅游者花钱是为了获得愉快美好的经历,如果他得到的是不平、烦恼,这种强烈的反差会促使他选择投诉来行使他作为旅游者的权利。

3. 求补偿的心理

在景区服务过程中,如果由于服务员的职务性行为或景区未履行合同、兑现承诺,给游客造成物质上的损失或精神上的伤害,他们就可能通过投诉的方式来要求有关部门给予他们物质上的补偿,这也是一种正常的、普遍的心理现象。

(四)游客投诉受理方式

1. 把握正确的处理原则

(1)真心诚意解决问题

以"换位思考"的方式去理解投诉游客的心情和处境,满怀诚意地帮助客人解决问题,只有这样,才能赢得客人的信任,才有助于问题的解决。

(2)不可与游客争辩

在客人情绪比较激动的时候,投诉接待者更要注意礼仪礼貌,要给客人讲话、申诉或解释的机会,控制住局面,而不能争强好胜、与客人争辩。

(3)维护景区利益不受损害

投诉接待者在处理游客投诉意见时,要注意尊重事实,既不能推卸责任,又不能贬低他人或其他部门,避免出现矛盾,否则,客人会更加反感。

2. 受理投诉的六步骤

(1)让游客发泄

当游客不满时,一则希望表达情感,二则希望解决问题。在游客期望发泄感情时,不会选择发泄对象,只有等游客发泄完后,才会听服务员的解释,这是心理学上的"心理净化"现象。此时,只要把自己心中的不满或委屈全盘地吐露出来,当事人通常都会有松了一口气或者得到满足的心理出现。服务员受理游客投诉的基本技巧如下:

①保持沉默。

当客人带着情绪寻求发泄时,服务员劝解游客"平静下来"更易激怒游客,试图阻止游客表达其感情,反而会使他们恼羞成怒,最好的办法是保持沉默,而不去打扰他们。在服务中,不可使用"你可能不明白……""我们不会……我们从没……我们不可能……""你弄错了……""这不可能的……""你别激动……你不要叫……你平静一点……"等语言。

②让游客知道自己正在听他们说。

在游客发泄情绪时既不能打断他们,但也必须让其知道自己正在听他们说。可以通过不断点头、不时地说"嗯""啊"、保持与其眼神的交流三个途径来表示自己正在倾听。

(2)充分道歉

服务员劝解游客时需要注意以下几点:

①说声对不起。

当面对一位心情不佳的游客时,一句道歉的话就可能平息他的怒气。接待人员代表的是景区的形象,道歉并不是主动承认错误,只是对游客的遭遇表示难过,并能表达出自己很在意给游客带来的麻烦,并想尽快改正的意思。

在表示道歉时,要注意用语应表达出诚意,可以用"非常抱歉让您遇到这样的麻烦……""这是我们工作的疏漏,十分感谢您提出的批评"等语言,道歉必须是发自内心的,游客才能接受。

②表示安慰和同情。

当游客觉得自己受到伤害时就会前来投诉,此时,接待投诉的工作人员必须对客人表示安抚和同情,比如可以说"我对您感到气愤和委屈的情绪非常理解,如果我是您,我也会和您有相同的感受"。对投诉的游客做出一些同情和理解的表示,是安抚游客情绪最好的办法,也是把其注意力引向解决问题而不是拘泥于令人烦恼的细节和令人沮丧的情绪的唯一途径。

(3)收集信息

投诉的游客在听到道歉和表示理解与同情的话后,更关注的是如何解决他所遇到的问题。服务员解决游客问题时有如下基本方式:

①用自己的话重复游客所遇到的问题。

重复游客所遇到的问题是让游客知道自己已经了解了他的问题和要求。要使游客获得满意,投诉接待人员对问题的理解就一定要和游客相符。但是心烦意乱的游客很少能在一个平静的氛围内讲述完他们经历的事情,因此,接待人员必须确保已经正确理解了他们所讲的一切,即根据自己的理解对游客的话做一个总结,然后反馈给他们,而且最好能让游客知道问题已经记录在案。

②适当提问。

适当提问可以发挥三个方面的作用。第一,对方有时会省略一些重要的信息,因为他们认为这不重要,或忘了陈述,所以提问可以有助于更全面地了解问题。第二,很多时候接待人员所理解的和游客所表达的未必一致,因此,接待人员需要通过提问来确认。第三,当接待人员注意到话题转移时,可向对方提一些问题,使跳跃式的对话回到原来的轨道。但对游客而言,他们可能认为有些问题没有必要问,甚至认为问题是对他们的非难,所以一定要使自己的问题表达出一种友好的态度,同时告诉游客为什么要问这些问题,并且不要忘了认真倾听对方的回答。

(4)给出一个解决的方法

在明确了游客的问题之后,接待人员要给游客提出一个双方均可接受的解决问题的方案。对于旅游景区游览来说,会面临更为复杂的局面,需要更巧妙、更艺术的补偿性服务来弥补游客所受到的损失。补偿性服务常见的有:①打折。如酒店因为游客对服务的不满意,所以在住宿价格上给予折扣。②送赠品,包括礼物、商品或服务。③个人交往。当给游客造成不便时,打电话向他表示歉意,让游客感受到服务人员诚挚的关心,这种私人交往会重建景区在其心目中的形象和信誉。特别要注意的是,补偿性服务是在感性上给予顾客的一种弥补和安抚,它并不能代替整个服务。它只能用在景区对游客的伤害是无法改正和补偿的时候,为了不致使游客对景区的好感消失而提供的补偿性服务。总之,补偿性服务只有在基本服务正常运行的情况下才会有效。

(5)如果游客仍不满意,咨询他们的意见

投诉的游客为的是解决问题,而不是让接待人员处理问题,所以,接待人员提出的处理意见游客未必认为是最好的解决办法,此时,即需要咨询游客希望该问题如何解决。

有关研究证明:结交一位新顾客所花费的成本比保持老顾客所需的花费要多得多。因此,对于游客所提出的投诉,接待人员如果有权处理,就应尽快解决;如果没有被授权,那就尽快寻求有权处理的人。对前来投诉的游客最后一定要记得询问其有无其他要求,这能使游客感受到景区真的很在意他。

(6)跟踪服务

跟踪服务是提升景区服务质量的关键步骤。跟踪服务的方式一般有电话、电子邮件、信函等。通过这些跟踪服务,景区进一步向投诉的游客了解景区的解决方案是否有用、是否还有其他问题。如果通过联系发现游客对解决方案不满意,则需重头做起,从而为其寻求一个更好的解决方法。

景区投诉接待的六个步骤依次进行,从而使景区服务质量在这种螺旋式反复中升华。同时,投诉处理人员应记录全部过程,将整个过程写成报告并存档,还要在此基础上进行投诉统计分析,即处理完投诉后,服务人员,尤其是管理人员应对投诉产生的原因及后果进行反思和总结,并定期进行统计,对典型问题产生的原因和相应措施进行分析,不断改进服务水平。

项目小结

接待服务是旅游景区服务工作中涵盖面比较广、较为琐碎的工作,说难也不难,但真正要将它做好、让游客满意也的确不容易。本章主要介绍了景区接待服务中的售票服务、验票服务和游客投诉类型、原因、处理原则和方法等内容。

项目实训

1. 组织学生分组前往附近的旅游景区参观调研,观察工作人员的服务工作情况,利用所学知识对这些旅游景区的服务进行分析、评判,并形成书面报告。

2. 讨论改善我国旅游景区接待服务的对策。

项目 3

旅游景区解说服务

> **知识目标**
> 了解旅游景区解说服务的相关概念；
> 理解旅游景区解说服务的类型和功能；
> 理解旅游景区解说服务的内容；
> 掌握旅游景区导游解说服务的技巧、景区导游词撰写的方法；
> 熟悉旅游景区自助式解说服务的类型和特点。

景区解说是为了实现旅游者、旅游景区、旅游经营者、旅游管理者等和各种媒介之间的有效沟通而进行的信息传播行为。对旅游者而言，通过解说，可增强对景区自然景观的理解与欣赏、对人文景观的感受和体验，从而达到开阔眼界、增长知识、增强体验等目的。

任务一　旅游景区解说服务概述

一、旅游景区解说的概念

景区的旅游讲解，是景区旅游服务和景区社会价值得以实现的主要环节。旅游者在景区的游览主要是通过解说服务获得对景区的认知和感受，并据此对景区服务做出评价。常言道：祖国山河美不美，全凭导游一张嘴。因此，景区解说服务是景区对客服务的核心，也是衡量景区服务质量的关键因素。

旅游景区解说服务是指为了方便旅游者在景区的游览，加深旅游者对景区资源价值的理解，提高旅游者的鉴赏能力以及资源保护意识，使其获得满意的旅游经历，旅游管理者通过各种媒介而进行的信息传播行为。

二、旅游景区解说的主要形式

（一）按照解说服务提供方式划分

按照解说服务提供方式的不同，旅游景区解说服务可分为自助式解说和导游人员解说两大类。自助式解说也称为图文声像解说，是指利用信息指示标志、旅游宣传品以及各类音像制品进行解说活动，它主要包括四大类型：标志牌解说、印刷品解说、电子音像解说和网络展示解说。导游人员解说也称为定点导游讲解，是指景区导游员（讲解员）的现场口头语言讲解。

（二）按照解说内容划分

按照解说内容的不同，旅游景区解说服务可分为历史古迹类解说、宗教类解说、自然生态景观类解说、民俗风情类解说、科普类解说、游艺类解说、山地探险类解说、综合类解说等。

（三）按照解说场所划分

按照解说场所的不同，旅游景区解说服务可分为风景区解说、自然保护区解说、文物景点解说、主题公园解说、现代工农业景点解说、博物馆解说等。

（四）按照解说对象划分

按照解说对象的不同，旅游景区解说服务可分为旅游团队解说、散客解说、贵宾解说等。

此外，按照解说语种的不同，旅游景区解说服务可分为中文解说、外文解说、中外文对照解说等按照解说服务过程的不同，旅游景区解说服务可分为全程解说、时段解说等。

三、旅游景区解说的功能

景区解说服务对于旅游者体验、旅游资源保护、旅游景区发展等具有显著的意义。一个完整的旅游景区解说系统应该具有以下功能：

1. 提供基本信息和导向服务。以简单的、多样的方式给旅游者提供旅游方面的信息，使他们有安全、愉悦的感受。

2. 帮助旅游者了解并欣赏旅游景区的资源及价值。向游客提供多种解说服务，使其较深入地了解旅游区的资源价值、公园与周围地区的关系，以及旅游区在整个国家公园系统中的地位和意义。

3. 加强旅游资源和设施的保护。通过解说系统的解释和帮助，使旅游者在接触和享受旅游区资源的同时，也能做到不对资源或设施造成过度利用或破坏，并鼓励旅游者与可能的破坏、损坏行为斗争。

4. 鼓励游客参与景区管理、提高与景区有关的游憩技能。为旅游者安排各种实践活动，在解说系统的引导和帮助下，鼓励游客参加旅游区适当的管理、建设、再造等活动。学习在旅游区内参与各种运动及游憩活动所必需的技能，如滑雪、户外生存、登山等技能。

5. 提供一种对话途径，达成游客、社区居民、旅游管理者相互间的理解和支持，实现旅游目的地的良好运行。

6. 教育功能。向有兴趣的旅游者及教育机构提供必要的解说服务，使其对旅游区的资源及其科学和艺术价值等有较深刻的理解，充分显示旅游的户外教育功能。

需要注意的是，不同类型的旅游景区，其解说功能的重点也有所差别。

任务二　导游人员解说服务

一、导游解说服务概述

导游解说服务是景区解说服务的重要组成部分，参与景区导游解说服务的主要有景区员工、社区志愿者以及景区相关部门的管理者。在选择不同类型导游解说服务时,我们需要考虑我们所处的解说背景、解说项目目标、资源特点,以及导游解说服务的优点和缺点。

(一)导游解说服务的优点和缺点

1. 优点

(1)个性化,主要体现在以下几方面:游客可以现场提问,实现双向的交流;传达信息弹性比较大;可根据游客特点进行信息的筛选。

(2)更富有意义。导游解说服务可以为游客创造很多难忘的旅游经历。在满足旅游需求的同时,还可以通过多种体验方式使游客体会到景区环境保护的重要性。

(3)更多的参与机会。通过导游解说服务,游客可以获得更多的社区参与机会,而且通过导游的指导,还可以到达一些一般游客所无法到达的区域,获得更好的旅游经历。

2. 缺点

(1)经费开支增大。如果景区专门设置导游解说服务,就需要对导游人员进行严格的培训,使其获得景区导游所应具有的解说知识和技巧。

(2)游客的行动受到限制。参与景区导游解说的项目,游客在景区内的游览往往受到一定的限制,所以导游人员在做讲解服务时,应为游客留出充裕的时间。

(二)导游解说服务的特点

1. 独立性强

导游在解说过程中所具有的独立性比较强,导游可以尽情地发挥自己的解说及组织能力。

2. 脑体高度结合

导游解说工作不仅仅要向游客解说景区景点的相关内容,更重要的是回答游客多种多样的提问,而且还要伴随游客走完景区的相关景点,是一份脑力和体力劳动高度结合的艰巨工作。

3. 复杂性

景区导游解说的复杂性主要体现在以下方面:服务对象复杂;游客需求多种多样;接触人员多,人际关系复杂。

4. 跨文化性

随着旅游业的逐渐发展以及景区通达性的改善,景区导游人员可能要接待许多不同国籍、不同文化背景以及不同民族的游客,这就涉及许多跨文化交流方面的问题。不久的将来,导游的跨文化解说将是景区导游解说服务的关键环节。

微型资料 3-1

导游解说原则

在《解说我们的遗产》一书中，Freeman Tilden 将解说定义为："一种教育活动，它的目标是借由原有事物的使用、亲身的体验或各种解说媒体，来阐述它们的意义与关联，而不只是传播事实信息。"

有两个概念被视为解说的哲学："解说是揭露藏在许多事实叙述背后的更大的真理。解说应利用好奇心来丰富人的心灵及精神。"

Tilden 总结的解说的原则如下：解说如果没有将所展示或描述的东西与听众的个人经验结合，将会是一场乏味的解说。

信息不是解说，解说是基于信息的，但它们是完全不同的事。然而，所有的解说都包含信息。

解说是门艺术，它包含了许多艺术，不论所呈现的主题是科学的、历史的或建筑的，所有的艺术在某种程度上都是可以教导的。

解说的主要目标不是教诲，而是激发群众。解说应专注于呈现整体而非部分。

对儿童（12 岁之前）的解说不应该是对成人解说的稀释，而应该遵循完全不同的策略，应该要有完全不同的活动方案。

资料来源：《导游解说原则》。

（三）景区导游解说服务的内容

1. 迎接及问候

在游客进入景区之前，导游人员应做简单的介绍，内容包括导游人员自我介绍、景区背景性的知识等等，为游客在景区的游览以及导游与游客之间的交流奠定基础。

2. 景区景点讲解

在进行景区景点讲解时，应注意讲解内容的科学性，在这一过程中应注意将景区保护的理念融入其中。

3. 座谈及咨询服务

在游客的游览过程中，导游人员可利用一定的时间与游客座谈，以了解他们对景区的希望以及对解说服务的接受程度，以便提高景区的管理水平及自身的解说服务水平。

4. 安全服务

导游解说服务不仅仅包括景区景点的导游讲解，游客的安全问题也是解说服务的重要组成部分。

二、导游解说服务组织

导游解说成功的关键在于导游人员与游客之间的沟通能力和技巧。

1. 旅游活动前期准备

好的准备和计划是影响导游解说服务的关键因素，在组织旅游活动时，应注意以下

几点:

(1)游览前,向游客清晰地介绍游览过程中的各种注意事项,如果有注意事项小册子,可提前分发给游客,让他们对将要发生的旅游进程有所了解。

(2)装备好自己。将自己需要的东西准备好,如饮用水、急救器械、通信设备、参考资料等等。

(3)详细了解景区。注意观察游客在景区的游览活动,有侧重地设计自己的解说主题。

(4)了解你自己的实际情况。不要单纯地去背诵你要讲解的内容,要根据实际情况灵活运用。建议将讲解内容的要点制成小卡片放在口袋里,以备不时之需。

(5)理清讲解内容的主题以及逻辑思路。

(6)在第一次讲解时或讲解新内容时,可先和同事相互练习,并根据不同类型游客的特点多准备几种讲解方式。

(7)安全第一。在旅游活动开始之前,要清点游客的人数,并把要注意的安全事项告知游客。在游览过程中,要不时提醒游客当前旅游活动所存在的危险因素。

(8)游客在从事某些特殊的旅游活动时,应检查游客的装备及完成旅游活动的能力,确保他们做好了准备工作。

(9)要严格按照旅游活动的日程开展旅游活动,以免游客认为你故意拖延时间。

2. 游客迎接

无论解说工作在什么地方进行,你都要首先确信你是景区的主人。在对游客致欢迎词时应注意以下几点:

(1)提前到达工作地点,对你将要接待的游客做一下简单了解,在你的欢迎词中有可能会用到这些信息。

(2)为游客详细介绍游览日程,使游客心中有数。

(3)了解一下游客的情况,看游客有没有特殊需求。

(4)试着记住部分游客的名字,并在必要时顺利地叫出,这有利于拉近与游客之间的距离。

(5)要善于捕捉游客的需求,有针对性地扩展讲解的知识。

(6)照顾特殊游客的需求,必要时可适当放慢游览速度以照顾行动迟缓的游客。

3. 注重游客参与

(1)询问并回答游客的提问。

(2)鼓励游客参与主题的讨论。

(3)要使你的讲解主题与游客的体验活动紧密相连。

(4)要善于使用游客可以触摸或者使用的道具,鼓励游客参与一些具体的实践活动。

(5)尽可能调动游客所有的感官(触觉、嗅觉、味觉、视觉、听觉)。

4. 导游解说服务技巧

在导游解说过程中要善于利用各种服务技巧,这样才能达到好的解说效果。

(1)身体

①给游客的第一印象非常重要,所以在接待游客时衣着要整洁,不要忘记带胸牌以及帽子等必备物品。

②要时常微笑以拉近你与游客之间的距离。

③要注意你的站姿,俗话说,站有站相,坐有坐相,这在一定程度上反映了你的信心和领导能力,避免出现一些诸如玩笔或玩钥匙的小动作。

④形体动作要自然大方,要面向你的游客。

(2)声音

①要充满激情和感情地进行解说。

②讲解要抑扬顿挫。

③要利用停顿代替"呢"等口头语。

(3)语言

①要使用简洁的语言,这对于外省游客和国外游客很重要。

②尽量使用通俗的语言,避免使用行话。

③语言要幽默风趣,可适当开一点玩笑,只要笑声一起,游客就会得到一定的放松。

(4)使用道具

在解说服务的过程中,要善于利用景区内部所存在的道具。这些道具可以对你解说的内容起辅助作用,而且可以吸引旅游者的关注。目前景区可供利用的道具主要有以下几种:毛皮、骨骼、植物标本、岩石、工艺品、生产工具、服装、仪器、照片、动物标本、书籍、音乐等等。

任务三　景区自助式解说服务

自助式解说服务不同于一般的导游解说,它主要由游客中心、标志牌、音像解说系统、印刷物等构成,经常用于以自然和历史遗产为背景的景区。

一、自助式解说系统概述

1. 认识自助式解说系统

(1)优点

①受众群体比较广;

②游客可在其空闲时间使用;

③不受人为因素的干扰。

(2)缺点

①部分设施前期投入比较高,如影像系统;

②自助式解说设施通常不容易变更;

③如果设计不恰当,效率就可能下降。

2. 游客中心

游客中心,顾名思义,就是接待来访游客的场所,一般是游客进入景区之前必到的地方,它是展示景区形象的窗口。随着旅游业的快速发展,游客中心已越来越引起景区管理者的重视。图3-1为福建上杭古田会址游客中心。

图3-1　福建上杭古田会址游客中心

游客中心起源于美国国家公园,随着国家公园管理理念的普及,许多国家和地区的旅游景区开始向其学习。游客中心的主要功能是向游客提供景区游览所必需的信息和相关服务。国内许多景区已建成了与国际水平接轨的游客中心,如九寨沟、石林风景名胜区等。

4. 影像解说系统

影像解说系统集声音、文字、图片、影像等于一体。景区影像解说系统在向游客传递信息时,可以增加游客的兴趣,丰富游客的知识,同时对旅游地的形象起到很好的宣传作用。影像解说系统具有以下优点:

(1)可视性强,并且具有一定的情节,效果逼真,令游客身临其境。

(2)随着技术的不断进步,其制作将越来越简单,更新也将变得更加容易。

(3)能紧跟时代步伐,在一定程度上提升了景区的形象。

目前,景区内部的影像解说系统主要有以下类型:

(1)视频

视频可以通过一个故事情节或者就某一专题来展开对景区的介绍,它可以引导游客从某一角度对景区展开探索。以湖北神农架国家级自然保护区为例,为了促进旅游业的发展,该景区拍摄了大量的视频资料,其中最受游客关注的就是《野人》这部专题片,它给神农架增加了神秘的色彩。这些视频资料可以让潜在的游客心生神往,也可以让已到的游客流连忘返。

(2)声音

声音是有效传播的重要媒介,它可以调动游客的听觉,集中游客的注意力,增强游览效果。目前,景区内部的声音展示有许多方式,如背景音乐、朗诵、景区提示、CD 等等。

5. 印刷品解说系统

目前,景区的印刷品解说系统主要有以下几种:景区地图、旅游指南、旅游宣传画、景区资料宣传栏、书籍、刊物、报纸。

(1)景区地图

景区地图主要向游客展示景区的地理位置、景区景点分布以及导游线路图等,通常它对各个景点都有简短的介绍以及安全提示,游客可以通过景区地图自助完成景区的游览。

(2)旅游指南

旅游指南上所反映的信息较之景区地图要丰富得多,主要包括景区概况、景区地图、景点游览图、住宿指南,以及其他旅游咨询信息。

(3) 旅游宣传画册

旅游宣传画册就是将有关景区的优美的摄影作品、景观特写等收集整理成精美的画册。

(4) 景区资料宣传栏

景区资料宣传栏一般用于展示景区的典型景观以及景区的管理工作,游客可以通过宣传栏了解景区的概况、景区的管理制度等内容。

(5) 书籍

景区出版的书籍大部分以旅游景区和所在区域的自然和文化为背景,根据不同层次游客的需求,景区可推出不同类型的书籍,或注重趣味,或注重专业。

(6) 刊物

刊物包括期刊和杂志,通过刊物可以使游客更深入地了解景区的内涵,比如景区的地质结构、文化背景、动植物资源等等,满足知识需求型游客的需求。

(7) 报纸

景区可以通过大众性的报纸宣传景区的旅游形象,一般内容包括景区概况、最近的发展动态等,游客通过报纸不仅可以了解景区的独特景观和特殊的旅游项目等,而且可以知晓景区所做的政策调整,新增的旅游景观、服务设施以及旅游活动等。

6. 电子导览系统

电子导览系统是为了方便散客的自助游,借助通信、无线调控技术等现代技术手段而开发的语音或感应解说系统。目前,景区内部主要有以下几种电子导览系统:

(1) 录音解说方式,是将景区的各景点的解说采用数码录音的方式存放在电子解说器上,解说器有一个显示器,游客可根据解说器上的数字键选择各景点的解说录音。石林风景名胜区就采用这种方式。目前,电子解说器得到了改进,当游客行至景点时,解说器可自动感应,播放该景点的解说录音。

(2) 无线解说方式。这种解说方式主要由多台无线调频发射机和游客接受机构成,设备功能和收音机类似。

(3) 电子屏解说方式。这种解说方式主要结合多媒体技术以及 PC 机,游客可通过触摸屏实现解说信息查询。

二、解说词的规划与设计

解说词的规划与设计要力求简洁,凸显主要信息。它只是景点的卡片,而非一本书。

(一) 解说词撰写

解说词的创作就是从景点的诸多信息中筛选出最好的信息,通过不同的方式将其转化为寓教于乐的故事。在解说词的创作过程中应注意以下问题:

1. 深入研究。解说词信息的来源一定要可靠,并且要认真核实。

2. 标题的主题明确。大部分游客在阅读解说标志牌时,像我们平常看报纸一样,往往通过标题去捕捉有兴趣的信息,如果标题主题不明确,许多游客可能也会忽略,即使里面有他关注的内容。

3. 注意文字表述的层次性。文字表述的层次性可以激发游客进行阅读。

(二)表现形式

许多游客在游览过程中只是浏览一下解说词的标题、图片或者附带说明,所以在规划设计过程中,应尽量用最少的文字、多一点的图片来表现主题,并且要保证关键信息放在容易被游客识别的位置。

(三)设计能引起游客兴趣的问题

旅游解说服务中一些好的问题能够激发游客去寻找答案。这样一来,游客可能会一步步去阅读标志牌上的解说词,获得他想要的答案。

(四)认真检查自己设计的解说词

当你完成了解说词的设计时,你要"回头"对其进行检查。可以通过游客测验法,即选出熟悉该内容和不熟悉该内容的两部分人,分别阅读解说词,然后通过效果评估进行调整。当然,自己也可以检查,方法是把设计好的解说词放置一段时间后再阅读,或许会有很多新的发现。

(五)准备影像资料的剧本

影像类解说资料短则不到1分钟,长则30多分钟。剧本的编写和视频所呈现的画面及声音(如鸟声、音乐等)要一致起来,而且要以一定的故事情节或专题把内容自然地串联起来。

微型资料3-2

解说词的结构层次:

1. 大标题;
2. 副标题;
3. 总体内容:限制在3~5段,每段内容一般不要超过4个句子,每段要有独立的内容;
4. 文字、图表、插图说明。

解说词检查要分三个层次:

1. 检查解说词的总体结构是否合理;
2. 检查解说词的语法结构是否正确;
3. 检查解说词单个词的拼写。

解说词检查小技巧:

1. 大声朗读解说词;
2. 让从来没有接触过解说词的人阅读;
3. 请专业人士阅读;
4. 不要忘记图标的注释。

三、标志牌设计

标志牌是景区自助式解说服务中的重要组成部分,我们在进行标志牌设计时应首先考虑以下几个方面的问题:

(一)指向性标志牌

通过简洁、清晰的指向性标志牌,可以将游客带领到他们想去的地方,同时也可以增加旅游者的乐趣。如图 3-2 所示为龙岩连城冠豸山风景名胜区指向性标志牌。

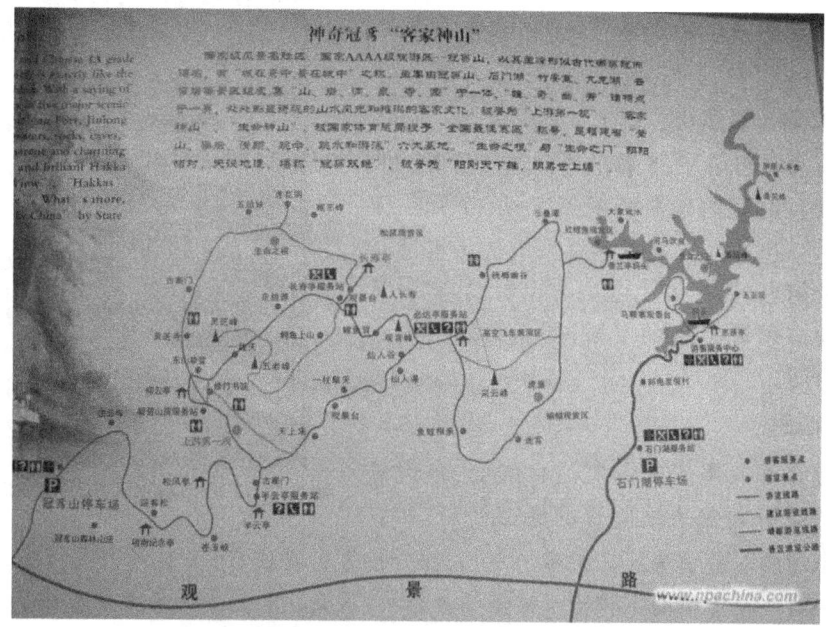

图 3-2　龙岩连城冠豸山风景名胜区指向性标志牌

指向性标志牌主要用于介绍景区游览线路、各种景点(活动)及设施方位等。在旅游活动开始前,游客往往想知道他们将要在景区内从事什么活动、游览时间多长以及什么地方最值得去看。在设置指向性标志牌时应考虑以下几方面的问题:

1. 标志牌要置于游客的前方,不要放在游人的两旁,以增加被阅读的机会。
2. 确保文字能反映景点的具体方位。
3. 经过长期的日晒雨淋,标志牌往往会褪色,甚至损坏,要确保标志牌内容的清晰。
4. 在标志牌附近留出可供其他游人顺利通过的充裕空间。

指向性标志牌的主要作用就是为游客"指路",所以,应如何放置指向性标志牌也是我们在规划设计中应重点考虑的内容:

1. 放在游客最想去的地方,如一些敏感区;
2. 具有明显停留特征的地段;
3. 在某些危险的地区;
4. 能够容易被发现的地段;
5. 不影响视觉景观的地区。

(二)解说功能标志牌

这一部分我们将介绍解说功能标志牌(如图 3-3 所示)设计的指导原则,使我们在今后的设计工作中避免一些常规性的失误。下面,我们来重点了解以下几个问题:

1. 有效设计

解说功能标志牌的信息传播功能是否有效,取决于以下几个方面的因素:(1)研究工作。(2)写作工作。(3)设计工作。(4)生产制作。(5)位置摆放。

这五个方面的工作不是相互孤立的,应在统一的认识下,相互配合进行。

2. 建立信息金字塔

游客通常会利用3～5秒的时间浏览标牌的大标题;在30秒时间内他们会把握2～3个知识要点;在3分钟的时间内,对内容感兴趣的游客通常会通读整个信息,并把握主题内容。所以,在设计时应注意建立解说信息金字塔,便于不同类型的游客各取所需。

3. 篇幅设定

一般游客都有很好的浏览信息的能力,但是也有少数的游客会去通读所有的标志信息,所以

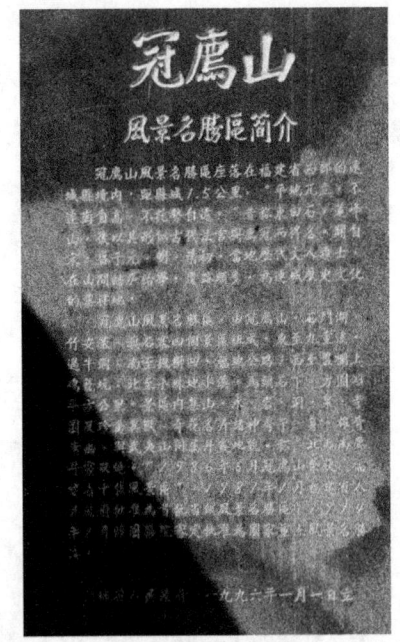

图 3-3　龙岩连城冠豸山风景名胜区简介

在设定标志篇幅时要慎重。在游客中心,大部分游客会花费3～7分钟去阅读标志信息,所以标志的语言一定要精简不啰唆。根据调查显示,每类标志的篇幅最大要求如下:

(1)单个标志,字数要控制在50～200字。

(2)系列标志,每个标志字数控制在50～70字。

(3)标签标志,字数要控制在30～50字。

4. 设计要素

(1)标志牌的内容要充实,图文并茂。

(2)注意使用图形元素,如小标志、渐变、主线、颜色等等,创造赏心悦目的视觉效果。

(3)尽量使用图标、照片等易被游客接受的元素去解释复杂的事情。

(4)对于某些特殊的游客群体(如青少年、老年人),可根据其兴趣爱好,选择不同的表达方式,如可通过一些卡通形象向青少年游客介绍。

(5)空白区域,标志牌内部要尽量保留一定的空白区域,不至于使游客产生很拥挤的感觉。

(6)结构要求,要根据游客的视觉习惯进行设计。

微型资料 3-6

推荐视觉设计的标准如下:

A.大标题,行间距限制在12毫米,字号一般保持在60～72点。

B.副标题,行间距限制在8毫米,字号一般保持在40～48点。

C.正文,行间距限制在5毫米,字号一般保持在24点。

D.注释,字号一般保持在18点。

5. 生产制作

标志牌制作的选材比较宽泛,在选择时应考虑以下几方面的问题:

(1)标志牌的生命周期;

(2)标志牌图文的清晰度;

(3)标志牌内容的要求,是图文混排,还是只有文字,或是全彩;

(4)标志牌摆放位置的环境特点。

四、游客中心

(一)游客中心的选址

游客中心的选址很重要,它在很大程度上影响着游客的旅游经历,影响游客中心选址的因素主要有以下几个方面:

1. 游人容量的分布,一般分布在游客比较集中的景区。

2. 综合考虑选址位置的自然条件、能源条件、环境保护、景观优化等问题。

3. 要有足够的建筑面积,因为游客中心多是游客聚集程度比较高的地段,而且功能多样。

(二)游客中心的功能分区

为方便游客的游览以及景区的管理工作,游客中心一般可以分为以下几个功能区:

1. 售票区。

2. 信息咨询区,可为游客提供各种信息咨询,包括游览线路、景点分布等。

3. 特色景观展区,主要展示景区内比较有代表性的景观、相关文化背景、科普知识等。

4. 旅游商品销售区,可向游客出售当地的特色旅游商品、旅游纪念品等等。

5. 餐饮住宿区,可提供一定的住宿餐饮服务。

6. 导游服务区,主要提供导游服务。

7. 其他服务区,各景区根据自己景区的实际特点,可增设其他服务项目,如失物招领、物品寄存、医疗服务、邮政服务等等。

五、影像解说系统

音乐、混音效果等音效能够给景区带来生气,在某些情况下,远比静态的标牌展示效果好得多,在设计影像解说系统时,应重点考虑以下几点:

1. 认真筛选需要解说的信息。

2. 仔细分析景点的自然环境和主要游客群体。

3. 挑选最合适的人选进行解说录音。

4. 注意音乐、录音的配合,做到与环境相一致。

5. 经常检查播放声音的硬件设备,避免音效的降低。

项目小结

本项目介绍了旅游景区解说服务的概念、旅游景区解说服务的类型以及旅游景区解说服务的功能。从解说方式来看,旅游景区解说服务可以分为导游解说服务和自助式解说服务,本项目在分析了两种解说服务特点的基础上,详细介绍了导游解说服务的内容、组织工作以及技能技巧,并且细致分析了几种常见的自助式解说服务的设计工作;解说词的规划与设计、标志牌设计、游客中心设计、影像解说系统设计等。

通过本章的学习,应了解旅游解说服务的相关概念、发展历史,认识其主要类型;掌握旅游解说服务的规划设计流程;掌握旅游景区导游解说服务的技术和技巧;掌握旅游景区自助式解说服务的规划设计。能够依据旅游解说服务规划与的流程,熟练地完成景区解说服务的规划设计工作,并且能够依据本章所学解说服务的知识与技能,制定出适合景区的解说服务规划,提升自身的解说服务规划,提升自身的解说能力以及自助式解说服务的设计工作。

项目实训

1. 选择一个景区,对其标志牌的设计进行评价分析,指出其优缺点。
2. 选择一个景区,撰写一份景区导游讲解词。

拓展阅读

国家级重点风景名胜区、国家 4A 级景区——冠豸山(讲解词)

各位游客,各位朋友,你们好!欢迎大家来到国家级重点风景名胜区、国家级 4A 景区——冠豸山参观游览。冠豸山位于闽西连城县,现在我先向大家介绍一下连城县的情况,连城县位于福建省西部,属客家祖籍地之一,于公元 1133 年建县,距今已有 800 多年历史了。县城地形是一片自北向南的串珠状河谷盆地,周围的山峦连绵起伏似莲花的花瓣,因此而得名"莲城"。在元代至正六年即公元 1346 年间,原为县衙兵士的连城县人罗天麟不满元统治者的高压政策,联合陈积万起兵反元攻取长汀、宁化等县,队伍发展到 2 万多人。元统治者调动福建、江西、浙江三个省的元兵 10 万余人分四路围剿。因力量悬殊,起义失败。元统治者认为莲城的"莲"字有草字头出草寇,就把草字头去掉,改为现在价值连城的连城了。

连城县是客家祖籍地之一,有着极其丰富的客家文化、民俗风情,如罗坊的走古事、姑田的游大龙等。连城的土特名产有:驰名中外的闽西八大干之一——红心地瓜干、白鹜鸭、慈姑、大头菜、红衣花生、宣纸清漆等。连城的风味饮食内容丰富,品种多样,最有名的叫"涮九品",是用牛身上九个部位做成的一盘菜——俗话又说"一顿饭吃了一头牛";还有慈姑苦笋、白鸭鲍鱼、芋子饺、漾豆腐、珍珠丸、粳心丸、捆板、金包银等等。有机会的话我会让你们尝个开心的。

冠豸山风景区方圆 123 平方公里,86 年荣获"福建十佳风景区"之称,1994 年被国务院批准为国家重点风景区,2000 年被评为国家 4A 景区。整个景区由冠豸山、石门湖、竹安寨、旗石寨、九龙湖五个部分组成,现已基本开发完成。

各位游客,现在我们来到了石门湖景区。石门湖景区为冠豸山景区的一部分,它的海拔高度为 427 米,是珊瑚状的湖面,面积为 400 多亩。你们看,石门湖水清澈见底,水质一级,四周的青山翠绿,植被保存完好,空气清新是度假休闲的好去处。

大家看左边这座山,它的山形如一匹腾跃奔驰的骏马,中部凹陷成鞍形,这景点叫"马鞍寨"。山顶四面悬崖绝壁,只有一条险道可上,真可谓一夫当关,万夫莫开。它曾经是太平天国的古战场,太平天国石达开部队转战到了连城,当地财主携带粮草财物逃上马鞍寨,由于地势险要,太平军屡攻不下。太平军想出火攻之计,一边在前山埋伏精兵,一边命一士兵提着一只猫绕到山后,在猫身上浇了油,点着火,猫被烧疼,直往山上窜去,引着了山顶的茅草,燃着了山上的帐篷,财主们心疼财产,把兵丁撤回去救火,太平军伏兵乘机突上,一举攻克了马鞍寨。

现在我们来到了石门湖上的另一个著名景点"翠岛"。这里林木葱郁,飞鸟成群,半山有一岩穴,宽数十米,成月牙状,十分阴凉宁静。山顶上那座翘角飞檐的亭子叫"观湖亭"。亭高十米,三层走廊。步入亭内,湖光山色尽收眼底,清风徐来,心旷神怡,使人产生飘飘欲仙的感觉。

水路四环,现在我们来到了石门湖的"银锭石"和"酒坛峰"。大家看,左边这块褐色石块像一个倒扣的元宝,叫做"银锭石",那圆乎乎的石峰,就是酒坛峰。前方的群山内有"鸡公山"和"蜈蚣山",相传蜈蚣精祸害人间,玉皇大帝派鸡公精下来制服蜈蚣精,谁知蜈蚣凶猛异常,鸡公精斗败,恰好济公活佛经过,帮助鸡公制服蜈蚣,天帝嘉许济公,赏银一锭,赐酒一坛,济公轻财好酒,把银锭扔在一边,却把酒坛放得平平正正,醉饮七七四十九天。客家人好客豪爽,这个大酒坛把滔滔湖水都装进去了,希望各位贵宾在连城能一醉方休。

各位游客,现在大家来到了石门湖最著名的景观——"生命之门"。这个景观只可意会,不可言传。这是大自然的鬼斧神工构筑出的一道"羞涩风景",让我们感到生命的伟大、母爱的崇高。

各位游客,阴柔秀美的石门湖的游览就到此结束了。现在就让我们登上岸去领略雄奇阳刚的冠豸山。先在"香兰亭"稍做休息,从香兰亭往前,就进入风景区的冠豸山部分。石门小朋友的特点是幽与秀,冠豸山的特点是雄与奇。石门湖像是妩媚的少女,冠豸山则像个雄健的大汉。

冠豸山古时候叫"东田石",后来,文人学士觉得这个名字太"土气",他们看山上群峰耸峙,像一瓣莲花舒展,就改称"莲峰山"。到了元朝至正年间,一位叫马周卿的县尹率领千人上山开辟"十三景",觉得从正面看山,山形像古代执法官的帽子——"獬豸冠",就正面的一景命名"冠豸"。"豸"字有二种读音。一种读 Zhi,一种读 Zhai。《中文大辞典》对豸(zhai)有详细的注释:獬豸原是一种神兽的名字,它似羊又似鹿,头上长一角,能鉴别善恶曲直,当有狱讼纠纷时,能以独角触理亏的一方。后来人们觉得"豸"代表公正无私,叫"冠豸山"寓意更深刻,加上明代儒生黄公甫在滴珠岩刻下全山当时最大的"冠豸"二字石刻,此山就叫"冠豸山"了。

前面是近几年新开辟的冠豸山后山景观。往左走可到"虎崖",洞长一千余米,可容纳数千人,洞中怪石林立,暗处漆黑一片,明处阳光直射,洞内时宽时窄,成群的石雁在洞中盘旋,妙趣横生。往右来到"三叠潭",一股清泉一波三折,流经三个水潭,叮咚作响,发出幽谷琴声,悦耳动听。走过潭边石崖,你得弯腰鞠躬前进,有三处弯腰的地方,分别叫"一鞠躬""二鞠躬""三鞠躬"。民间传说,冠豸山原不在此,是一位神仙用"赶山鞭"要把山赶到闽江堵水口,来到连城境内时,神仙渴了,于是变成乞丐去讨水喝,好客的连城村姑却给他喷香的连城美酒,神仙喝醉了,耽误了时辰,赶山鞭失去了神力,因而这座山赶不动就长留连城了。

眼前这一段风景秀丽的峡谷叫"桄榔幽谷",百余米长的小径两旁,全是亚热带植物"香桄榔",走在林间,犹如置身于热带丛林之中。这里石崖耸立,幽谷深深,清风徐来,是情侣谈情说爱的好地方,因此又有人把它称为"情人小径"。

现在攀登通往山顶最艰难的旅程——"鲤鱼背"。黄山有"鲫鱼背",两侧都是万丈悬崖,十分惊险。冠豸山的"鲤鱼背"与黄山的"鲫鱼背"各有特色,我们这个鲤鱼背共有365级石阶,代表一年365天,记住你自己哪一天的生日,在生日台阶上许个愿,旁边有座观音大佛保佑,听说很灵验。

过了有惊无险的鲤鱼背,我们来到冠豸山山顶。这里是冠豸山最精彩的景观,大家先往后看,对面山峰叫"寿星峦",瞧,寿星峦多像一位弯腰行走的老人,它的侧旁悬崖上是罗丹题刻的"人长寿"三字。大家再往后看,山峦起伏,万峰朝斗,一幅气势雄伟的龙宫探宝壮丽画面,你看远处,那"猴头石"正对着"龙王峰"窃窃私语。原来美猴王带来了一卷西天取来的"经书"作为礼物相赠,一旁的"龟丞相"喜笑颜开,连大象、鳄鱼也前来看热闹。谷底有一擎天柱,它高达50余米,从山谷中拔地而起,直指苍穹,雄宏伟岸,恰似"生命之根",真是"阳刚天下第一"。往上攀登就是长寿亭,远望竹安寨的"雄鹰展翅"及千峦竞秀的起伏山峰,使人心胸开阔。

走下寿星岩侧旁就是"莲花洞",这里清泉流韵,凉风习习,可容纳几十人。出了莲花洞,一旁可见到"五女石"。据传,她们是聪明美丽的农村姐妹,因逃避村中贪婪的财主的逼婚,在这里遇见欧阳真仙的相助,被点化成石。

再往前走,左边是"五老峰",先看赵朴初的墨宝,"造化钟神秀"五个大字苍劲有力。登上五老峰顶伫立西眺,可见楼房林立,村落点点,千顷田畴,绿浪起伏的城乡壮景图,把整个连城区及九曲文川尽收眼底。右边有"灵芝峰",抬头仰望,颗灵芝草形神兼备。下面有"玉女池",传说观音菩萨身旁的玉女在这里洗过澡,留下飘逸芳香,侧旁有人留下"仙露沫香"的石刻。

走过"一线天"来到"东山草堂",里面有纪晓岚的"追步东册"和林则徐的"江左风流"两块牌匾。清道光甲申年春夏之交,林则徐应同科进士、好友谢邦基的邀请游览冠豸山,在草堂内见到谢家子侄勤奋读书,因而挥毫写下"江左风流"的题匾,为冠豸山留下最为珍贵的人文景物,这块题匾已被列入"中华名匾"。

这里还有修竹书院、二邱书院、雁门书院,分别为李、邱、童氏家族当年培育学子的场所。尤其是"二邱书院",宋代就培育了丘鳞、丘方两位叔侄进士,且政绩斐然,受人尊重,其门楼是宋代古建筑,可欣赏精美的宋代建筑工艺。

从这里向东南还可浏览"林赤章先生读书处",明末清初,林赤章、李森、童若水四人在冠豸山结庐读书,整日吟咏酬唱,杖履遨游,号称"四愚",在"仰云亭"侧畔建一座"四愚亭",现存遗址。

走下"芙蓉陂"踏过"修竹径",我们来到过去的"五贤书院",现在的"凝碧山房"。清代海南藉县令秦士望曾是书院主持,他为书院撰写一副楹联:"渡大海而来舟车所至耳目所经到此林泉殊觉标新立异,登东山之上风月为朋烟霞为友入斯佳境俨然脱俗超凡。"把冠豸山的林泉和神韵概括在这副楹联之中。

往下走,现在我们来到"滴珠岩",岩上有元代县尹马周卿率千人辟山十三景纪事的全山第一块石刻,还有"冠豸""印松麓"等同期石刻、明代黄公甫"冠豸"石刻以及清翰林

朱阳的"上游第一观"等石刻,很多游客都问"上游第一观"是什么意思?各位游客,连城是闽江、汀江、九龙江三江的源头即三江的上游,而冠豸山是上游第一景观,所以叫"上游第一观"。三江溯源,连城有其特殊的地理位置。

走下险阻的"西堑门",踏过"丹梯云栈"就到"伴去亭""松风亭""苍玉峡"。前面这棵挺拔的青松是"迎客松",其实,以现在的游线,迎客松应叫"送客松"了。

各位朋友,现在再让我们回头看一看冠豸山的正面形状,一个刚直不阿、公正无私的冠豸形象相信会留在朋友的心中。

各位游客,离冠豸山不远还有著名的宣和培田古民建筑群,另外,罗坊的云龙桥、四堡的雕版印刷古书坊建筑群等也是值得各位一游的好地方。

好,各位游客,今天我们的浏览就到此结束了,如我讲解有足之处,请大家批评指正,谢谢大家,欢迎大家下次再来。

项目 4
旅游景区商业服务

> **知识目标**
> 了解旅游景区餐饮服务的特点,掌握旅游景区餐饮服务管理的内容。
> 了解旅游景区住宿服务的类型,掌握旅游景区住宿服务管理的内容。
> 了解旅游景区交通服务的作用,掌握旅游景区交通服务管理的内容。
> 了解旅游商品的概念及类型,理解游客购物的心理,掌握旅游景区购物商品销售技巧。

任务一 旅游景区餐饮服务

一、旅游景区餐饮服务概述

餐饮是满足旅游者需求的基础性项目,是景区旅游业的重要组成部分。它不仅能够满足游客对餐饮产品和服务的需求,还反映了旅游景区的饮食文化特色,影响着旅游景区的形象,是旅游景区收入的重要组成部分。

(一)旅游景区餐饮服务的特点

1. 目标市场构成复杂

旅游景区餐饮的经营场所在旅游景区内部,其消费者绝大多数是来自异地的旅游者。这些旅游者在年龄、性情、喜好、口味、支付能力、个人经历以及心理需求等方面都各有不同,从而导致了他们对旅游景区餐饮要求的差异性。这种差异性给旅游景区餐饮服务与管理带来了一定的困难和挑战。

2. 客源市场不稳定

由于旅游淡旺季的影响,旅游景区客源不稳定,因此旅游景区餐饮具有较强的波动性。在旅游旺季、节假日、周末、大型娱乐活动期间,旅游者较多;而在其他时间旅游者较少。因此,旅游景区餐饮要重点抓住游客高峰期的用餐服务与管理,既要保证干净卫生,又要体现当地餐饮的特色。

3. 餐饮类型丰富

旅游景区餐饮的类型较为丰富,有餐饮一条街、农家乐、户外烧烤、特色餐馆、宴会餐厅、主题餐饮等多种形式。旅游者可以根据自身的需要,采用快餐、自助餐、宴会、烧烤等不同就餐方式,丰俭随意,快慢有别。

4. 经营方式灵活

旅游景区餐饮的经营方式较为灵活,包括独资、合资、联营、承包经营或者景区自助经营等多种经营方式。

5. 管理难度较大

由于餐饮市场的竞争日益激烈,餐饮产品的同质化现象日益严重,加之缺乏有效的监督管理机制,因此旅游景区餐饮管理的难度较大。在制度缺位的情况下,一些餐饮企业制作的产品粗糙,缺乏地方特色,环境卫生得不到保证,质量控制随意性较强,从而使得顾客望而却步。

(二)旅游景区餐饮服务的基本要求

1. 安全与卫生

旅游景区餐饮消费的流动性大且常接待团队游客,团队游客用餐时间集中,并且游客构成复杂,彼此的健康状况不了解,很容易引起交叉感染,因此游客对旅游景区餐饮安全与卫生的要求非常强烈。旅游景区餐饮的安全与卫生不仅会使游客产生安全感,也会给游客留下难忘的用餐体验,从而增强游客的旅游体验。游客对旅游景区餐饮安全与卫生的要求体现在用餐环境、餐具用品和餐饮产品几个方面。游客希望旅游景区用餐环境整洁雅静、空气清新,餐具用品都经过严格的消毒,餐饮产品都新鲜、卫生。

> **微型资料4-1:**
> 2010年8月30日,国家食品药品监督管理局和国家旅游局联合下发了《关于进一步加强旅游景区餐饮服务食品安全监管工作的意见》(以下简称《意见》)。《意见》要求,地方各级餐饮服务食品安全监管部门要扎实做好旅游景区餐饮服务食品安全日常监管工作,严格依法进行许可;加大对旅游景区餐饮服务提供者的例行监督检查力度,尤其要加强旅游高峰期间的监督检查;督促餐饮服务提供者建立从业人员健康管理档案,落实从业人员年度健康检查制度;严格落实进货查验、索证索票、台账记录制度;规范食品加工制作及餐饮用具清洗消毒;切实加强餐饮服务环境管理,做好防鼠、防蝇、防虫、餐厨废弃物处理工作;积极推行分餐、公筷等健康饮食方式。《意见》还要求,地方各级旅游行政管理部门要将餐饮服务食品安全规范和标准纳入旅游景区相关服务标准,将餐饮服务食品安全工作纳入旅游景区质量等级的划分与评定工作,督促旅游景区经营者认真履行相关职责。

2. 快速与及时

大部分游客进入旅游景区主要是为了游玩为了抓紧时间游玩,会缩短就餐时间,有的甚至选择边走、边看、边吃。因此,为了满足游客需求,旅游景区餐饮服务必须快速、及时。目前,大部分旅游景区的餐饮形式以快餐为主,常备有快餐食品,从而为那些急于就餐的游客提供快速的服务。

3. 特色与创新

越来越多的游客在旅游景区就餐不仅仅是为了填饱肚子,更是为了获得一种特殊的体验。因此,旅游景区餐饮在安全卫生、快速及时的前提下,还要进行创新,体现其特色。游客对旅游景区餐饮特色的要求不仅体现在餐饮产品本身,也体现在用餐的氛围、环境等方面。例如,自2012年4月1日起,北京金鼎轩专门为10人以上的旅游团队推出了特色套餐,让游客们来北京能够品尝到地道的京味小吃。套餐分为京味特色团队套餐和精选春茶特色团队套餐两种。京味特色团队套餐的菜品有老北京炸酱面、京味麻酱粉皮、蒜香炸灌肠、宫廷豌豆。精选春茶特色团队套餐以金鼎轩的招牌点心为主,同时涵盖了招牌虾饺皇、豉汁蒸凤爪、蛋黄流沙包、桂花糖藕等经典点心。

4. 便捷与舒适

旅游景区餐饮在景区内的位置要符合便利性的要求,既要有良好的外部连通性,又要有便捷的内部通达性。另外,旅游景区餐饮还要营造舒适的就餐环境,使游客感受到餐厅甚至是景区的氛围,得到享受和尊崇感。但是,旅游景区餐饮在提供便捷交通和舒适环境的同时,不得以损害旅游景区景观环境和生态环境为代价,应尽量减少对周边自然环境和人文生态的破坏。

二、旅游景区餐饮服务管理

旅游景区餐饮与社会餐饮,无论是在目标市场、餐饮类型,还是在对美学、环保、安全等方面的要求上,都存在着诸多不同。所以,旅游景区餐饮服务管理不能完全用社会餐饮服务管理的标准来衡量,而应该从旅游景区餐饮的特点出发,从餐饮单位的选址、设计、菜单管理,以及餐饮产品的开发、餐饮服务质量管理等方面来综合考虑。

(一)旅游景区餐饮单位的选址

由于旅游景区特殊的环境和功能,餐饮单位在选址时,要不同于一般的餐饮单位。具体来说,旅游景区餐饮单位在选址时应重点考虑以下几个方面:

1. 交通

旅游景区餐饮单位要有良好的外部连通性,一般要允许车辆直达,同时还要使旅游者能够较为便捷地前往景点。因此,为了满足交通的要求,餐饮单位一般要位于交通枢纽。

2. 景观

餐饮单位作为旅游景区内的配套服务设施,是旅游景区的一部分。餐饮单位的建设不能影响旅游景区中的景观视线,不能破坏景观的美感,其建筑体量和风格要与周围环境相协调。

3. 生态

餐饮单位在选址时,要注意减少对周边生态环境的负面影响。因此,餐饮单位不应该设置于生态环境较为脆弱的位置。同时,餐饮单位产生的大量废弃物也应该合理排放,尽量减少对周边自然和人文生态的破坏。

（二）旅游景区餐饮单位的设计

旅游景区餐饮单位的设计是根据建筑空间的使用性质和所处环境,运用物质技术手段和艺术处理手法,设计餐饮单位的形状、大小和内部空间,使其与周边环境相一致,与旅游景区的主题相吻合。

1. 外观设计

旅游景区餐饮单位的外观设计应与旅游景区和本地特色相一致,应尽可能采用当地的建筑样式,注重建筑外观和周围环境的协调,尽可能利用本地的材料和建造工,增强建筑的观赏性,使得建筑本身成为景观的一部分;另外,还要尽可能减少对电机械设备的依赖,减少广告宣传牌和霓虹灯箱的运用。

2. 内部环境

餐厅内部的设计与布局应根据餐厅空间的大小来决定。由于餐厅内部各部门对空间要求的不同,因此在设计内部空间布局的时候,既要考虑到顾客的舒适性、安全性、便利性及服务员的操作效果等,又要注意全局与部分之间的和谐、均匀,通过装修、配饰、灯光、音乐、色彩等,体现出餐饮单位独特的风情格调,突出旅游景区的特色。

（三）旅游景区餐饮单位的菜单管理

菜单是旅游景区餐饮单位提供的详细的、带价目表的菜肴清单,包括固定菜单、循环菜单、即时菜单等多种类型。菜单是餐饮单位对外沟通的窗口,具有展示餐厅经营理念、沟通旅游者、反映餐饮特色和水平等多重功能。旅游景区餐饮单位的菜单管理应包含以下内容:

1. 菜肴选择

根据旅游景区的饮食特点、地区特产,餐饮单位的经营定位、经营理念、厨师技能特点,以及目标市场的需要等,确定菜单的菜肴类型。菜单的设计应讲求营养平衡,注重主流菜肴的相对稳定性和对部分菜肴的动态调整。

2. 价格核定

旅游景区的餐饮定价要合理,要在诚信、服务游客的基础上盈利。餐饮产品和服务应明码标价,菜单上的菜肴除了应标明价格外,还要标明分量,并要出具服务凭证或相应的税票,不欺客且不宰客。

3. 菜单的包装设计

首先,根据旅游景区餐饮单位的类型、规格以及制作成本,选择合适的制作材料。然后,根据餐厅内部的环境颜色,设计能够反映餐厅经营特色、餐厅风格和餐厅等级的菜单封面和封底。最后,设计菜单上的文字,选择与餐厅风格相吻合的图片。这些文字和图片还要和旅游景区的其他标志风格一致,从而共同组成旅游景区标志化的识别系统。

（四）旅游景区餐饮产品的开发

旅游景区餐饮单位应针对游客求新奇、求生存、求安全和求尊重的需求,开发能够满足游客需要的产品。旅游景区餐饮单位重点开发以下三种餐饮产品:

1. 大众型餐饮产品

大多数游客在旅游景区用餐,主要是为了解决基本饮食和生存需要。中式快餐具有价格便宜、适合中国人的饮食结构、方便、快捷等优点,是大多数游客在旅游景区内解决饮食需要的优先选择。因此,不少旅游景区都开发了大众化的中式快餐,还有饮品,包括各类茶饮、酒水、咖啡、冰激凌、乳品饮料等。但即便是大众型餐饮,也需要保持旅游景区自身的特色。例如,福州三坊七巷景区内的星巴克咖啡店,2010年9月28日开业,店面沿袭了明清时期传统的建筑风格,最大限度地保留了与三坊七巷古老街区和谐相称的设计风格,典雅精致的布设及古色古香的桌椅也让人耳目一新。

2. 特色型餐饮产品

特色型餐饮产品是满足游客求新、求奇的餐饮消费心理的需要,也是弘扬地方特色餐饮、特色小吃、饮食文化的需要。旅游景区餐饮业的特色化经营主要体现在特色服务和特色食品上。旅游景区餐饮业应根据自身的特点,在保证旅游景区环境不受到破坏的前提下,将当地的特色小吃引进景区,以满足游客求新求异的需要。例如,杭州西湖景区的百年老店楼外楼,创建于清道光二十八年(1848年),采用砖木结构,端庄古朴,富有中国民族特色,因享有"佳肴与美景共餐"的美誉而驰名海内外。楼外楼是一家正宗的杭菜馆,烹制的菜肴素以选料严谨、制作精细、烹调精湛、时鲜多变、风味独特而著称,招牌菜有西湖醋鱼、宋嫂鱼羹、油爆大虾、东坡肉、叫花童子鸡、龙井虾仁等。

3. 高档型餐饮产品

高档型餐饮产品主要用于满足高端游客的需要,满足他们追求身份地位的特殊需求。

(五)旅游景区餐饮服务质量管理

旅游景区餐饮服务质量是指利用餐饮设施、设备和餐饮产品所提供的服务在使用价值方面适合和满足客人需要的物质满足程度和心理满意程度。餐饮服务是旅游景区商业服务的一个重要环节,其服务质量的高低关系着游客对旅游景区餐饮单位的印象,更关系着游客对旅游景区的整体评价。因此,旅游景区餐饮服务质量管理至关重要。

1. 餐饮实物质量

餐饮实物质量一方面包括餐饮单位提供的食物和饮料等有形产品的质量,如菜肴的花色品种、清洁健康、香味口感、色泽外观、内在质量与价格之间的吻合程度以及餐饮用具的清洁卫生、美观方便等;另一方面包括餐饮单位的硬件设施、设备的质量,如硬件的完好程度、安全程度、舒适程度和方便程度以及硬件的档次和规格、餐厅的容量等。

2. 餐饮环境质量

餐饮环境质量包括自然环境质量和人际环境质量。餐饮单位优质的自然环境一方面要求其建筑体量要符合旅游景区的主题,与旅游景区融为一体;另一方面要求餐饮单位的内部装修设计、空间布局和灯光音乐等要轻松舒适、美观雅致。餐饮单位良好的人际环境体现为餐厅的管理人员、服务人员和顾客三者之间友好、和谐、相互理解的互动关系。

3. 餐饮工作人员服务质量

餐饮工作人员服务质量是餐饮服务质量管理的重要构成,其水平的高低既要有客观的

衡量方法,还要更多地从顾客的主观认识方面加以评判。因此,对餐饮工作人员服务质量的管理要从以下两个方面入手:

(1)制定服务质量标准和服务规程。餐饮业是劳动密集型行业,服务人员多,服务项目复杂,同时,旅游景区游客的餐饮需求多样,就餐时间有限,这些都造成了旅游景区餐饮工作人员服务质量的不稳定性。因此,旅游景区必须制定服务质量标准和服务规程,通过对服务标准和每个环节的动作、语言、时间、用具,以及对意外事件、临时要求的化解方式、方法等的规定,来规范对客服务的行为,稳定餐饮服务质量。例如,针对 2012 年春节期间,各地旅游景区接连曝出的"天价餐"等宰客事件,山东青岛崂山风景区试行新规,游客用餐时,店主需要先让游客在价格确认单上签字,一旦发生消费纠纷,确认游客合法权益受到侵害时,景区管理部门将向游客先行赔付,事后再向餐饮单位进行追偿。山东青岛崂山景区尝试推行的"签单前置"和赔付先行,可谓是打造放心旅游消费环境的积极举措。

(2)服务质量的高低虽然有很多客观衡量标准,但更多地取决于餐饮工作人员在服务现场的心理状态和顾客接受服务时的主观感受,常常因人、因时、因地而异。因此,旅游景区餐饮单位一方面要加强员工的培训,改善员工的服务态度,规范员工的服务程序和服务礼仪,提高员工的服务效率;另一方面,要开展有效的市场沟通,发掘顾客需求,改善员工服务技巧并充分授权,从而充分满足顾客的例行性需求和潜在的需求。

任务二 旅游景区住宿服务

一、旅游景区住宿服务概述

有一定规模的旅游景区都为游客提供住宿服务,住宿服务是旅游景区商业服务的一项重要内容。

(一)旅游景区住宿服务的概念

旅游景区住宿服务就是借助旅游景区的住宿设施和服务人员向游客提供的,以满足游客在景区住宿、休息等需求为基本功能,同时也可满足游客的其他需求的服务。例如,绍兴咸亨酒店 2010 年 4 月开业,共有客房 206 间,餐位 2 000 个(包括多功能厅),2010 年营业收入 9 000 万元,2011 年营业收入 1.76 亿元。开业才一年多,咸亨酒店就成为绍兴酒店业中的"领头羊"。咸亨酒店靠什么?靠特色。该酒店是一家以越文化、水乡文化为背景的鲁迅文化主题酒店,无论是建筑风格还是装修艺术,特色都非常鲜明;地上、墙上,动态的、静态的,都会让宾客有视觉、听觉等感官上的冲击;黄酒、茴香豆让人回想起鲁迅文章中描述的孔乙己,大堂内的主题景观"文房四宝"反映了鲁迅先生弃医从文的人生转折……整个酒店四处散发着鲁迅文化的气息,使宾客流连忘返,同行参观者亦络绎不绝,这就是文化主题酒店的魅力所在。

(二)旅游景区住宿服务的分类

按照住宿接待设施的档次和运作模式,旅游景区住宿服务可以分为标准酒店类(包括宾馆、饭店、疗养院、度假村)、经济酒店类、民居客栈类、家庭旅馆类、露营类等几种主要类型。

1. 标准酒店类

这类住宿服务的接待设施是按照国家星级饭店的标准建设的,并执行标准化服务,可以使旅游者获得较为舒适的旅行生活。但是这类住宿接待设施的适用范围有限,一般只适合规模较大的旅游景区和旅游度假区。旅游度假区的住宿接待设施主要以标准酒店类为主,因其位于旅游景区内,所以无论是在内部环境设计上,还是在外部环境设计上,都更强调与旅游景区主题的一致性和协调性。

2. 经济酒店类

这类住宿服务的接待设施是指在旅游景区中,设施、环境质量以及服务标准较星级饭店稍弱的住宿提供单位。旅游者在此可以获得住宿空间、设施以及部分基本服务,而其他如做床服务、整理房间等,则需要旅游者自己动手。

3. 民居客栈类

这类住宿服务的接待设施是根据旅游景区的自然和人文环境设计出的、具有当地特色的住宿场所,其能够反映出地方的风土人情及历史文化特色,能够满足游客休闲游憩体验的需要,如吊脚楼、小竹屋、小木屋、小石屋等。该类住宿接待设施在为旅游者提供住宿服务的同时,也构成了旅游景区中极具特色的风景,使旅游者能够感受到旅游景区内特有的自然和文化氛围。例如,湖南张家界景区内的米兰客栈,只有10间客房,24个床位,却是张家界景区内唯一一家高标准配置的客栈,也是张家界景区内唯一一家有两层客房的山景客栈。客栈外淡蓝外墙、黑瓦阁楼、绛红窗套窗格、青竹栅栏,呈土家族建筑风情;客房内杉木地板配淡黄色温馨墙纸及湘西民俗挂饰,床上用品皆按四星级酒店标准定制,令游客倍感舒适。又如,坐落在九寨沟甘海子风景区的九寨天堂·甲蕃古城,占地292 000平方米,原生态的藏羌建筑充分保留了藏羌建筑传统的自然古朴之风,融合了藏羌历史、人文、宗教等多种特色民俗文化元素,整个建筑群给游客展示了一幅活生生的藏羌民族的"清明上河图"。

4. 家庭旅馆类

这类住宿服务的接待设施、环境质量以及服务标准都较弱,价格便宜,旅游者在此获得住宿空间、设施以及部分基本服务,而其他如做床服务、整理房间等则需要旅游者自己动手。此类接待设施在为旅游者提供住宿空间、设施和简单服务的同时,可以帮助旅游者节省开支,体验当地生活,还可以弥补旺季酒店床位不足的缺陷。例如,厦门鼓浪屿景区将以前单体独栋的私家老别墅改建成家庭旅馆,较为有名的有朵拉旅馆、吴家园、船屋、海角八号等,这些家庭旅馆与鼓浪屿风景完全融合,相比大酒店,更具当地人文气息。

5. 露营类

这类住宿服务的接待设施就是开辟一块专用营地,作为旅游者夜间露营休息的场所。旅游者可自带露营设施,如露营车、帐篷,也可租用景区的露营设施。这类住宿接待设施往往选址在远离城市的、风景秀美的、贴近大自然的区域,给旅游者以自由、随意、放松的娱乐休闲体验。根据所处环境的不同,露营地可划分为以下六种类型:山地型露营地、海岛型露营地、湖畔型露营地、海滨型露营地、森林型露营地、乡村型露营地。完整的露营地通常包含生活区、娱乐区、商务区、运动休闲区等,具备日常生活所需的各种设施及场地。这类住宿接待设施相对较为简陋,受外界环境的干扰较为严重,一般只在特定季节开放,在我国还较为少见。

二、旅游景区住宿服务管理

(一)旅游景区住宿服务管理的方式

在旅游景区的实际工作中,住宿服务管理主要通过表单管理、制度管理、现场管理来实现。

1. 表单管理

表单管理是通过对表单的设计和处理,来控制客房部业务的管理活动。表单一般分为三类:一是上级部门向下级部门发布的各种业务指令;二是各部门之间传递信息的业务表单;三是下级向上级呈报的各种报表。表单管理要遵循实用性、准确性、经济性和时效性原则,数量和种类应简单明了,易于填报分析。表单要能全面反映客房部的业务活动情况,表单的传递程序、时间要求、资料处理方法等都要有明确的规定。

景区住宿单位的服务和管理人员,应学会应用表单来了解和控制客房部的业务活动,通过阅读、分析营业报表,了解、控制客房部或旅游景区的经营活动,掌握本部门的工作情况,督促下属完成工作任务。

2. 制度管理

制度管理是通过组织实施旅游景区的规章制度,来控制本部门的经营活动。科学合理的制度是旅游景区日常工作的行动指南,也是考核评价的依据。

实施制度管理,首先要根据旅游景区的特色和住宿部门的管理需要,制定出符合行业通行规则和旅游景区实际的具有较高科学性的制度;其次要严肃制度,维护制度的权威性,在执行制度时,对所有员工要一视同仁,奖罚要以制度为依据,并在具体处理时讲究艺术性,把执行、遵守制度同细致的思想工作结合起来,把执行制度同解决员工实际问题结合起来。

3. 现场管理

现场管理就是管理者深入各个工作岗位现场,进行巡视检查,及时处理工作中碰到的问题,协调本部门与其他部门的关系,调节本部门经营活动中各方面的关系。现场管理能及时发现和处理工作中的各种问题,协调各方面的关系,便于管理者及时与下属沟通思想、联络感情,或者进行现场激励。

(二)旅游景区住宿服务管理的内容

旅游景区住宿服务管理的内容很多,其中最主要的两个方面是服务质量管理和安全管理。

1. 服务质量管理

旅游景区住宿服务质量管理是景区内住宿部门对为游客提供的住宿服务及其相关方面的质量管理,主要包括以下方面:(1)通过利用和开发旅游景区良好的环境资源和现有的设施设备,向游客提供高质量的住宿服务。(2)通过市场调研与预测,结合旅游景区特色,开发符合市场需求的产品,以满足游客与当地消费者的需要,提高旅游景区的经济效益。(3)通过旅游景区住宿业务部门与公关部门的广告、宣传,以及住宿单位设施设备的改进和服务质量的提高,创造住宿服务的声誉和口碑,以吸引更多的客源。(4)通过与旅游供应商和零售商的业务联系,从产、供、销各个方面,不断改进服务质量,提高市场竞争力。(5)通过专业教育和岗位培训,提高住宿服务部门各级管理人员和服务人员的专业知识水平和服务水平。(6)通过对人力、物力、财力的决策、计划、组织、协调、监督等管理工作,提高住宿管理效率。

2. 安全管理

旅游景区住宿安全管理是景区住宿服务单位为了保障游客、服务人员的人身和财产安全以及景区住宿服务单位自身的财产安全而进行的计划、组织、协调、控制与管理活动的总称。景区住宿服务单位要综合考虑国家法律法规和旅游景区自身的特点,制定一套科学、有效的安全管理计划、制度与措施。

(1)犯罪与盗窃的防范计划、控制与管理。

其重点包括以下内容:游客生命、财产的安全控制与管理,如旅游景区应加强景区住宿大门入口、电梯入口、楼层走廊的安全控制与管理,加强客房门锁、钥匙以及客房内设施设备的安全控制与管理,加强游客财物和保管箱的安全控制与管理;员工的安全控制与管理,如旅游景区应制定员工岗位工作的劳动保护与安全标准并采取劳动保护措施,在员工的岗位技术培训中增加安全操作的培训与训练,加强对员工个人财物(包括员工宿舍内及更衣室个人衣物贮藏箱内的财物)的安全保护,保护员工免遭外来的侵袭,及时护送生病员工及工伤员工就医,防范员工上下班发生交通事故,控制员工饮食安全;财产的安全控制与管理,如旅游景区应注意对偷盗行为的防范和控制。

(2)火灾的应急计划、控制与管理。

火灾的应急计划是指在发生火灾的情况下,全体工作人员采取行动的计划及控制、管理方案。火灾的应急计划要根据住宿的布局及人员状况用文字形式制定出来,并经常进行演练。火灾发生或火灾警报发出时,所有员工必须坚守岗位,保持冷静,并按照平时规定的程序做出反应。所有员工无紧急情况不可使用电话,以便于管理层通过电话下达命令。

(3)其他常见安全事故的防范计划、控制与管理。

旅游景区住宿还可能出现一些意外的安全事故,因此景区住宿服务单位必须考虑周到,事先做好相应的防范。例如,对游客心理及信息安全的控制与管理,对逃账与住宿服务单位经济安全的控制与管理等。

任务三 旅游景区交通服务

一、旅游景区交通服务概述

(一)旅游景区交通服务的概念

旅游景区交通服务是指旅游景区向游客提供的,以实现游客从空间上的某一点到另一点的空间位移的各种交通服务。旅游景区交通服务直接关系着旅游者的出游愿望,是景区旅游活动顺利进行不可缺少的物质基础。旅游景区的交通服务按照旅游者的空间移动过

程,可以分为外部交通服务和内部交通服务。

旅游景区的外部交通服务是指旅游景区为游客提供的从客源地到景区的空间移动过程的服务,包括从客源地到景区所在地、从景区所在地交通口岸到景区两个服务过程。旅游景区的内部交通服务关系着旅游目的地的可进入性(时间、距离、便利性),主要的交通工具包括飞机、火车、旅游大巴、自驾车、轮船等。

旅游景区的内部交通服务是指旅游景区为游客提供的在旅游景区的内部空间移动的服务。旅游景区的内部交通是联系各个景区、景点的纽带和风景线,是组成景观的造景要素,强调可通达性、视觉效果和美学特征。旅游景区的内部交通服务是游客观光和了解地域风情的途径,一般采用公路、水上游览、特种交通及步行的方式,主要的交通工具包括环保车、电瓶车、出租车、缆车、游船、滑竿、畜力驮运、羊皮筏子、雪橇、溜索等。

(二)旅游景区交通服务的地位

旅游景区交通服务是旅游景区向游客提供的一项重要服务,直接影响着游客游览和体验的质量,对于旅游景区的正常运营也起着非常重要的作用。旅游景区交通服务的地位主要体现在以下几个方面:

1. 旅游活动的重要组成部分

旅游者的旅游活动包括食、住、行、游、购、娱六个方面,其中,"行"(即旅游交通)是整个旅游活动的重要组成部分。旅游景区提供的交通服务的质量直接影响到旅游者能否"进得去、散得开、出得来"。此外,旅游景区交通对于景点布局的设计也具有重要作用。

2. 增加游客的旅游体验

旅游景区的交通是旅游活动的重要内容,游客乘坐不同的交通工具,接受不同的交通服务,可以领略到不同的风光,获得不同的感受。随着现代旅游业的发展,很多交通服务本身就构成了景区的旅游吸引物。例如,黄山和峨眉山景区提供的独具特色的滑竿等旅游交通服务,其本身就是吸引大批游客前来的旅游吸引物。有些旅游景区还向游客提供骑马、骑骆驼、溜索、观光缆车、划船、热气球等独具特色的交通服务,这些服务不但起到了交通运输的目的,同时也增加了游客的旅游体验。

3. 旅游景区重要的收入来源

旅游景区向游客提供的交通服务(尤其是特色交通服务)基本都是有偿的,游客可以通过这些交通服务满足自身的位移和体验需求,同时旅游景区也可以通过这些交通服务获得利润,这部分收入是旅游景区总收入的重要组成部分。以武夷山九曲溪景区为例,单竹筏门票就达到了100元,可以看出交通服务的收入对于旅游景区总收入的贡献。

4. 旅游景区经营成功的重要因素

良好的旅游景区交通服务可以使游客的游览过程畅通无阻,使游客在充分体验美景异俗的同时,节省游览时间,提升游览质量。这一方面可以提升游客的满意度,培养旅游景区的回头客;同时,满意的游客也会为旅游景区进行积极的宣传,吸引其他游客前来,这在无形之中增强了景区的竞争力。

二、旅游景区交通服务管理

(一)旅游景区交通服务的要求

旅游景区的交通设施是景区正常运行、游客实现空间位移的基本保障,也是旅游活动顺利完成的必要条件。因此,旅游景区对交通服务有着特殊的要求。

1. 安全性

旅游者出门旅游是为了获得身体上和心理上的享受,旅途中任何意外都是无法接受的,因此,安全性始终是旅游者最为关心的要素。旅游者往往会充分考虑旅游交通服务过程中的安全性,如线路中道路的安全性、交通工具的安全性以及途经区域的安全性等。

2. 准确性

旅游景区交通服务带有严密的连贯性,任何一个环节的误点和滞留都会产生连锁反应,最终有可能产生一系列的经济责任,如房费、餐费和交通费的结算问题。对于国际游客还可能诱发一定的涉外事件,如入境旅游者不能按时出境,从而影响上学、工作等。

3. 节奏性

旅游景区的客流量在时间上具有较大的变化性。一般来说,进入和离开景区的客流量在每天的不同时段、周末和非周末,以及旅游的淡旺季都各有特点。这就要求旅游景区的管理者和服务人员要协调客流高峰带来的压力,为游客提供高效、优质、快捷的交通服务。

4. 快速性

游客往往希望在旅游过程中,旅行的时间较短而游玩的时间相对较长。因此,旅游景区的外部交通服务应注重时效性,尽量缩短旅游者从客源地到旅游景区的旅行时间;同时,旅游景区内部应注重景点的空间分布,合理安排旅游节奏,丰富游客的旅游体验。

5. 多样性

不同旅游景区的交通方式各不相同,同一旅游景区内的交通方式也多种多样,甚至同一种交通方式也存在高、中、低档次的差异。因此,旅游景区的管理者和服务人员应优化组合旅游景区内的交通服务,增加游客的可选择性。

6. 层次性

旅游者的结构具有多层次性,不同性别、不同年龄、不同出游动机、不同支付能力的游客,对于旅游景区交通方式及其价格的要求也不尽相同。因此,旅游景区的管理者和服务人员对不同层次需求的交通服务方式要进行运量和运力的合理考虑,以满足游客的不同需求。

(二)旅游景区交通服务的类型

旅游景区交通服务的类型包括陆上交通服务、水上交通服务、空中交通服务和特种交通服务四种形式,本书主要就旅游景区的内部交通服务进行介绍。

1. 陆上交通服务

旅游景区内的陆上交通服务主要由旅游景区主干道交通服务和步行游览道路交通服务

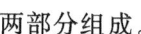

两部分组成。

旅游景区主干道主要指公路，它主要用于景观间的游客运输和供应运输。道路布局要合理，路牌及交通标志要醒目规范，进出应便捷安全。另外，交通工具应注重绿色环保，如目前旅游景区内广泛使用的电瓶观光车。

旅游景区步行游览道路是旅游景区里各个景观内的步行连接道路，它具有十分重要的景观烘托和陪衬作用。旅游景区步行游览道路的设计和建造要有起伏，并贯穿最佳的观赏点，注重生态环境保护的同时尽量体现地方特色及民族特征。例如，九寨沟景区中的步行栈道，蜿蜒在九寨沟森林中，把沿线的道道美景串联起来，游客行走在栈道上，有机会越溪涧、下危岩、穿丛林，在青山翠海中漫游这片神奇的土地，体会"童话世界"的精彩。

> **微型资料 4-2**
>
> 中国台湾阿里山观光小火车是1899年日本为了运送木材而规划兴建的，轨距762毫米，最大坡度6.25%，最小曲率半径40米。1912年，长达66.6千米的嘉义至二万坪段宣布通车，1914年，该段延长至阿里山并逐渐增设支线。阿里山铁路全长71.4千米，从海拔30米的嘉义车站，历经3.5小时的车程，到达海拔2 216米的沼平车站。与印度大吉岭至喜马拉雅山的铁路、智利至阿根廷的安第斯山的铁路，并称世界上仅存的三条登山铁路。昔日为转运木材而兴建的阿里山铁路，如今已经蜕变成阿里山森林旅游列车，使游客有机会体验一下阿里山火车的风情。搭乘小火车，顺着阿里山森林铁路慢慢上山，游客可以欣赏到四周的自然美景。全线需经过49个隧道、77座桥梁、21个车站。虽然小火车的速度无法与公路竞争，但是乘坐小火车，游客可同时欣赏三进三退的"之"字形路段、螺旋爬山道，以及沿途热、暖、温三带的林相变化，这是台湾独一无二的！

2. 水上交通服务

目前，旅游景区内广泛采用的水上交通工具主要有游轮、普通游船、游艇、帆船、汽艇、气垫船、帆板、冲浪板、竹筏、羊皮筏等。游轮是一种将旅游交通工具、旅游接待设施和娱乐场所三种功能合为一体的旅游设施，深受游客的喜爱。普通游船与游轮相比，体积与规模均较小，功能与设施较为简单，是游览江河湖泊、观赏江南水乡景色的主要水上交通工具，如广西漓江、大理洱海、无锡太湖、杭州西湖等旅游景区的游船服务，以及周庄、同里、角直、乌镇、南得等江南水乡古镇的游船服务。而游艇、帆船、竹筏等则是现代水上休闲娱乐项目所采用的水上交通形式。

> **微型资料 4-3**
>
> 乌篷船是水乡绍兴的独特交通工具，因蒻篷被漆成黑色而得名。南宋诗人陆游说它是"轻舟八尺，低篷三扇"。乌篷船船身狭小，船底铺以木板，即使有渗漏，船舱也不会沾湿。船板上铺以草席，或坐或卧，但不能直立。因为船篷低，如直立，便有失去平衡而翻船之险。船的动力是脚镯桨，航向是用手桨来控制的，船行进时，船工脚手并用。乌篷船、乌毡帽、乌干菜并称"绍兴三乌"。

3. 空中交通服务

旅游景区内的空中交通服务主要以娱乐、休闲、运动为目的。交通工具主要采用小型飞行器,如牵引升空伞、自动升空伞、热气球、滑翔机、超轻型飞机等,还可以采用高塔跳伞和山顶索道滑翔等形式。

4. 特种交通服务

特种交通服务是指带有娱乐、体育、辅助老幼病残旅游者和特种欣赏意义的旅游交通服务,其交通工具主要有索道、旅游电梯、滑竿、溜索、轿子、马匹、骆驼、牦牛等。

(1)索道。索道是为了适应各种复杂地形而建造的能跨山越河的运输工具,同时还具有游览、观光的作用,是森林公园和各种风景游览区的一种理想的输送游客的交通工具。索道有助于减少游客的体力消耗,改善旅游景区的接待能力,但也常常会给旅游景区环境造成一定的破坏,如景观破坏、植物毁坏、野生动物受干扰、噪音污染、水土流失等,因此在索道修建时,应注意旅游景区环境和整体景观的保护。

(2)旅游电梯。旅游电梯是一种垂直运输的交通工具,主要用于高差明显的旅游景区的游客运输。旅游电梯集观光与运输功能为一体,是一种新兴的景区交通方式,为游客提供了一条更加便捷的旅游通道。与索道相同,旅游电梯的修建也要注意与旅游景区整体景观的协调性,注意对旅游景区环境的保护。

(3)滑竿。滑竿是中国江南山区特有的一种供人乘坐的传统交通工具。目前,这种旧式的交通工具与现代化的汽车、索道、缆车相结合,成为旅游景区交通的一个重要组成部分。滑竿用两根结实的长竹竿绑扎成担架形状,中间架以竹片编成的躺椅或用绳索结成的坐兜,前垂脚踏板。乘坐时,人半坐或半卧在椅中或兜中,由两个轿夫前后肩抬而行。滑竿在上坡时,人坐得最稳;下坡时,人也不会因滑竿倾斜而产生丝毫恐惧感;走平路时,由于竹竿有弹性,因此会上下颤动,从而更能够使人感到非常享受,并且可以减轻疲劳。如今,滑竿的意义已不再局限于交通工具,更是当地民间习俗的一种体现。中国西南各省山区面积广大,因此滑竿最为盛行,特别是峨眉山上的竹椅滑竿,流传了几千年。

(4)溜索。溜索是我国西南少数民族的一种跨越江河的传统交通工具。溜索是用两条或一条绳索分别系于河流两岸的树木或其他固定物上,一头高,一头低,形成高低倾斜之势,然后顺势划过。溜索是怒江大峡谷各少数民族的主要交通工具,是怒江大峡谷最奇特的景观。到怒江大峡谷看溜索、过溜索,已成为云南省怒江傈僳族自治州开发的世上独一无二的旅游项目,吸引了无数中外游客。

(三)旅游景区交通服务管理的内容

旅游景区交通服务管理就是要确保进出车辆行驶规范、安全有序,工作重点是景区路段、交通标志、运营车辆和运营人员是否符合要求等。

1. 交通管制

旅游景区内的单位和个人所拥有车辆的停放和通行,必须遵守旅游景区交通管理部门和旅游景区管理委员会的规定。对于违反规定强行通行的车辆,由旅游景区交通管理部门责令纠正交通违规行为,并给予罚款等行政处罚;妨碍执行公务的,由公安机关依法追究法律责任。必要时,旅游景区交通管理部门可以对特定车辆实行交通管制,如规定进入旅游景区的时间和路段,可以有计划地分流,以免造成交通堵塞或引起交通事故等。

2. 停车场管理

旅游景区一般都设有停车场,这是旅游景区必须拥有的基础设施。停车场可以根据旅游景区的交通状况进行设立,一般可分成级别不同的停车场,用来停靠不同的游览车辆。通常,旅游景区可以开设大型机动旅游车停车场和小型游览车停车场。停车场要与景观环境相协调,停车场的服务应符合旅游景区的统一要求,安排交通协管员或服务人员。交通协管员或服务人员要礼貌待客、文明服务,具备一定的交通指挥技能和知识,有安全意识,维护保管好客人的车辆。例如,位于四川省自贡市荣县大佛寺山门左侧的"生态停车场",占地7 000平方米,设车位近100个,该"生态停车场"地表铺设的是厚度达40厘米的生态青砂石,整个停车场按块状划分,车位之间种植树木相隔,夏季可为车辆遮阴,处处体现着人文关怀。

3. 安全管理

安全管理是旅游景区交通服务管理最基本的工作。游览过程是最易发生交通事故的环节,旅游交通安全事故的发生不但会给游客带来损伤,也会影响旅游景区的形象、声誉、发展前景。因此,旅游景区应建立健全完善的旅游景区安全标志系统,制定严格的工作制度,对游客和工作人员进行交通安全宣传;同时,旅游景区工作人员要注意危险地段、公共场所、交通要道的交通秩序,在旅游旺季加强监视和疏导工作,以避免交通事故的发生。

任务四　旅游景区购物服务

旅游购物是指旅游者为了旅游或在旅游活动中购买各种实物商品的经济文化行为,它包括专门的购物旅游行为和旅游中一切与购物相关的行为,但不包括出于商业目的而进行的购物活动。旅游景区购物服务是旅游景区购物经销商、导游及政府等为旅游者在旅游景区购物提供的一系列服务,包括售前准备服务、现场服务和售后服务三个环节。

一、旅游景区购物商品概述

旅游景区购物商品包括旅游商品和一般消费品两大类,而旅游商品是其中的主要构成。旅游商品与一般消费品有所不同,旅游商品对于游客旅游体验的提升和旅游景区综合效益的提高影响较大,因此,本书仅就旅游商品进行介绍。

(一)旅游商品的概念

旅游商品是指旅游者在旅游活动过程中所购买的具有纪念性和当地特色的,或者由于旅游活动需要而购买的各类物质性商品。旅游商品的概念涉及以下几个要点:旅游商品购买的主体是旅游者,客体是具有纪念性和当地特色或者能够满足旅游活动需要的商品;旅游商品是旅游者在旅游活动过程中所购买的物质商品,具有价值和使用价值。

微型资料 4-4

伴手礼在古代有一个很美的名字,台湾话发音叫"丹禄",指的是出门到外地时,为亲友买的礼物,一般是当地的特产、纪念品等。"伴手"是伴人送手礼,也就是古人"伴礼"的意思。近几年来,我国美丽的宝岛台湾对伴手礼进行了全面的推广,使伴手礼成为一个大产业。全台湾各乡镇都积极响应"一乡镇一特产"的规划,致力于推广专属于自己的独特的伴手礼,使得台湾各地的风土人情能够通过送礼的方式,传达到世界各地的每个角落。游客可以登录台湾百大伴手礼网(http://www.taiwanbest100.com.tw/)进行查看。

(二)旅游商品的类型

旅游商品可以分为三大类,即旅游纪念品、旅游实用品和旅游消耗品。

1. 旅游纪念品

旅游纪念品是指旅游者在旅游活动过程中所购买的,具有地域文化特征、民族特色及纪念性的所有物品。旅游纪念品涵盖的范围广泛,是旅游商品的重要组成部分(见表4-1)。

表 4-1 旅游纪念品的类型

旅游纪念品类型		举例
工艺品	雕塑工艺品	石雕、玉雕、根雕等
	陶瓷工艺品	紫砂陶、景瓷、彩瓷、白瓷、青瓷等
	漆器工艺品	雕填漆器、脱胎漆器、镶嵌漆器、彩绘漆器、漆雕等
	金属工艺品	景泰蓝、铁画、斑铜等
	染织工艺品	刺绣、织锦、绣衣、织染、编结等
	镶嵌工艺品	螺钿镶嵌用品、大理石镶嵌器具、瓷片镶嵌器具等
	民间工艺品	剪纸、蜡染、泥人、风筝、扇、伞、手杖、荷包、脸谱等
文物古董	文物商品	书画、瓷器、古铜器、印章、古书等
	仿、复制品	古铜仿制品、古陶瓷仿制品、名帖复制品等
书画金石	绘画艺术品	国画、民间画、织绣画、工艺画、书法、篆刻、拓片等
	文房四宝	笔、墨、纸、砚
土特药材	酒水类	白酒、啤酒、红酒、黄酒等
	食品类	板鸭、火腿、烤鸭、粉丝等
珠宝首饰		玉器、金器、银器、珍珠、宝石等

2. 旅游实用品

旅游实用品是指旅游者为实现旅游目的所购买的在旅游过程中使用的商品,主要有旅行车、游艇、旅行箱包、旅游鞋帽、登山器械、滑雪(冰)器械、手杖、风雨衣、太阳镜、摄影摄像

机、防寒暑用品、美容护肤品、常备急救药品、帐篷等(见表 4-2)。

表 4-2 旅游实用品一览表

旅游实用品类型	举例
游览用品	地图、交通工具、旅行手册、景区(点)介绍等
携带用品	旅行包、旅行箱、钱包、水果刀、雨伞等
服装鞋帽	睡衣、旅行帽、太阳镜、游泳衣、游泳帽、雨衣等
轻工(手工)产品	日用陶瓷、毛皮革制品、日用五金等
纺织产品	针织品等

3. 旅游消耗品

旅游消耗品是指旅游者在旅游过程中所消耗的商品,主要有食品、饮料,以及盥洗用品、当地特色风味小吃、日常生活必需品等。旅游者在旅游过程中消耗的食品、饮料、日常生活用品,基本上是按照平时的喜好来购买的,这种支出是比较稳定和有限的。

二、旅游景区购物服务管理

(一)旅游者购物心理分析

在旅游购物服务中,旅游景区只有把握住游客的不同购物心理,才能更好地为游客服务。

1. 求实用心理

求实用是旅游者追求旅游商品的使用价值的购物心理,是旅游者购买商品的一个普遍性的心理需求。旅游者在购买旅游商品时,特别注意商品的品牌、质量、功能和实用价值,尤其是中低收入阶层的旅游者,更加注重旅游商品的质量和用途,要求旅游商品经济实惠、经久耐用、实用方便。

2. 求审美心理

求审美是旅游者重视旅游商品的艺术欣赏价值的购物心理。旅游者在旅游过程中,不仅希望欣赏到美的风景,也希望能购买到一些富有美感的旅游商品,他们往往重视旅游商品的款式、包装,以及对环境的装饰作用,喜欢具有民族特色、地方特色和审美价值的旅游商品,特别是那些具有艺术美、色彩美和造型美的旅游商品。

3. 求新异心理

求新异是旅游者追求旅游商品的新颖、奇特、时尚的购物心理。追新猎奇是旅游者固有的心理需要。旅游者在购买旅游商品时,大多喜欢具有新的颜色、新的款式、新的质量、新的材质、新的情趣的旅游商品。这些旅游商品可以满足人们求新异的心理,调节枯燥、单调、烦闷的生活。比如在福建土楼旅游,旅游者喜欢购买土楼模型。

4. 求珍藏心理

求珍藏是旅游者购买旅游商品以留作纪念的购物心理。很多旅游者喜欢把在旅游景点

购买的纪念品连同他们在旅行时拍的照片保存起来,留待日后据此回忆他们难忘的旅行生活;另外还有部分旅游者会有选择地购买他们感兴趣的旅游商品,以满足自己的某些爱好,如有人喜欢收集各国邮票,有人喜欢收集特定旅游商品的商标,有人喜欢收集古玩字画等。

5. 求馈赠心理

求馈赠是旅游者购买旅游商品以赠送他人的购物心理。从旅游地购买的旅游商品具有特别的纪念意义,用其馈赠亲朋好友,既可以表达旅游者对亲朋好友的感情和礼貌,增进彼此间的情意,又可以提高旅游者的声望。

6. 求知识心理

求知识是旅游者希望在购买旅游商品的过程中获得某种知识的购物心理。有些旅游者特别喜欢聆听售货员和导游介绍的有关商品的特色、制作过程,字画的年代及其作者的逸闻趣事,以及鉴别商品优劣的知识,还有些旅游者对当场绘制或刻制的旅游商品及其相关资料说明特别感兴趣。

旅游者的购物心理具有多样性和层次性,它们相互交错、相互制约。旅游者在购买旅游商品的过程中,可能同时存在两种或两种以上的购物心理。不同的旅游者由于具体情况的不同,其购物心理也不同,从而形成了不同的购买行为。

(二)营造良好的旅游购物环境

旅游购物环境主要指旅游购物建筑及其周边环境、旅游购物设施、购物场所内部环境以及旅游景区的人文环境等。旅游购物环境的优劣直接影响着旅游商品的吸引力,影响着旅游者的购物消费。因此,只有营造一个特色化、人性化的旅游购物环境,才能让旅游者买得舒心、买得放心。具体来说,营造良好的旅游购物环境应从以下方面着手:

1. 合理布局旅游购物网点

在旅游商店的布局上,旅游景区可以将分散在景点内部和周边的购物品集中到旅游商品购物街上,或者在旅游者较为集中的集散地设立旅游购物中心及特色旅游商品专营店,还可以在景区游览线路上的休息点位置设立旅游购物点,从而将购物网点与景区休闲、游憩设施结合起来。另外,在景区特定的活动区域也可以设置旅游购物点,如景区的烧烤区可以设置提供食品、饮料和炊具的购物店。

2. 科学规划购物建筑及其周边环境

旅游景区内商业店铺的建筑和布局要统一规划,做到位置适当、数量合理。旅游购物建筑的造型、色彩、材质也要与旅游景区的特色相融合,与其周边环境相协调。例如,张家界风景区中有一家"银世界"专营店,该店利用当地少数民族喜欢带银饰的特色,在店内挂了大幅的苗族风情照片,柜台内陈设着琳琅满目的银首饰,营业员由盛装的苗族少女担任,这吸引了大量的游人前来选购。

3. 有效布置旅游购物商店的内部环境

旅游购物商店的内部环境布置主要考虑以下内容:商店的招牌、橱窗设计、内部装饰、货架排列与商品展示等方面是否具有吸引力;商店内的空间布局是否有利于与旅游者的交流,是否具有恰当的文化氛围;商店内的环境是否整洁,秩序是否良好,照明是否均匀,店堂是否卫生，空气是否新鲜等。这些都会影响旅游者的旅游购物消费。

4. 严格选售景区购物商品

旅游购物商店（摊点）经销的旅游商品种类是否丰富，是否有地方特色，是否能够融入旅游地的自然风光、名胜古迹、历史人物、珍贵动物等，是否明码标价，质量是否合格，包装是否富有地方特色，是否能够让旅游者睹物思情并留下美好的回忆，都是提升旅游景区购物服务质量的重要内容。例如，"第9届华东包装设计大奖赛"的获奖作品"五谷杂粮"，用麻袋做成各种别致的小包装，既方便携带，又带给人们一种新的感受与体验。又如，福建用竹笋皮来包装茶叶、海南用椰子壳来装饰纪念品等，都可以赋予旅游商品自然厚重、纯朴的气息。

5. 塑造良好的旅游购物服务环境

旅游购物服务环境包括旅游商品经销商提供的旅游购物服务环境、导游人员提供的旅游购物服务环境、政府提供的旅游购物信息服务环境及旅游商品售后服务体系环境等。旅游景区的旅游购物商店是否诚信经营，服务人员服务态度的好坏、服务水平的高低、有无围追兜售和强买强卖、对所销售商品知识掌握的多少、对顾客的热情程度，有关旅游商品、旅游购物商店的信息宣传是否完善，以及售后服务体系是否健全等都会对旅游者的购物活动产生重大影响。

（三）提供热情细致的销售服务

销售服务的要点包括以下几个方面：

1. 善于接触旅游者

在通常情况下，旅游者进入旅游购物商店，或者是想购买商品，或者是想了解商品的行情，或者是要游览参观购物商店，没有明确的计划。因此，服务人员要具有敏锐的观察力和判断力，善于通过旅游者的衣着打扮和言行举止，判断旅游者的心理状态，发现旅游者的潜在需求，并把这种潜在的需求变为实际的购买行为。

2. 准确推荐商品

在把握旅游者需求的基础上，服务人员要有针对性地为旅游者提供个性化的商品销售服务。一方面，针对不同心理特征的旅游者提供不同的商品销售服务，如针对老年旅游者，要根据他们保守、固执的心理特点，推荐一些物美价廉的旅游商品；针对青年旅游者，要根据他们求新奇的心理特点，推荐一些时尚、科技含量较高的旅游商品。另一方面，服务人员要准确地做好商品推荐工作，如提供咨询，推荐商品，介绍商品的性能、特点等。

3. 帮助旅游者决策

旅游者在景区购物的过程中，对旅游商品的了解有限，且考察和决策的时间较短，具有非经验性。因此，服务人员要通过对旅游商品的详尽介绍和对旅游者需求的准确判断，帮助旅游者真正了解他们需要什么，推动他们做出购买决策。

（四）完善旅游购物的售后服务

在旅游类消费投诉中，旅游商品的质量和售后服务方面的投诉最多。因此，要实现旅游景区购物的可持续发展，就必须完善旅游购物的售后服务，通过建立完善的售后服务体系，

降低旅游者的购买风险,增强旅游者的购买信心。完善旅游购物的售后服务应从以下环节入手:

1. 旅游购物商店应提供售后服务

旅游购物商店提供的售后服务主要包括以下内容:大件商品的邮寄、托运、回访旅游者对所购商品的满意度,回答旅游者对商品问题的咨询等。另外,旅游者在旅行社安排的购物场所购买到假冒伪劣商品或失效、变质商品时,应当有权通过旅行社向旅游景区购物场所追偿。

2. 旅游景区主管部门应及时处理旅游者的购物投诉

旅游景区的行政主管部门应当建立健全旅游投诉制度,依法受理和及时处理旅游者的购物投诉,对不属于本部门职责范围内的投诉,应当自收到投诉之日起几日内移送相关部门并告知投诉者。另外,旅游景区的行政主管部门还应加强对旅游景区购物商店的指导和监督。

项目小结

具有特色和创新的食、住、行、购,能够增加旅游者的旅游体验,为旅游景区带来丰厚的收入。旅游景区餐饮服务管理不能完全用社会餐饮服务管理的标准来衡量,而应该从旅游景区餐饮的特点出发,从餐饮单位的选址、设计、菜单管理,以及餐饮产品的开发、餐饮服务质量管理等方面来综合考虑。

按照住宿接待设施的档次和运作模式,旅游景区住宿服务可以分为标准酒店类(包括宾馆、饭店、疗养院、度假村)、经济酒店类、民居客栈类、家庭旅馆类、露营类等几种主要类型。旅游景区住宿服务管理的内容很多,其中最主要的两个方面是服务质量管理和安全管理。

旅游景区对交通服务有着特殊的要求,包括安全性、准确性、节奏性、快速性、多样性、层次性等方面。旅游景区交通服务的类型包括陆上交通服务、水上交通服务、空中交通服务和特种交通服务四种形式。

旅游商品是指旅游者在旅游活动过程中所购买的具有纪念性和当地特色,或者由于旅游活动需要而购买的各类物质性商品。旅游商品可以分为三大类,即旅游纪念品、旅游实用品和旅游消耗品。在旅游购物服务中,旅游景区只有把握住游客的不同购物心理,才能更好地为游客服务。游客购物心理主要有求实用心理、求审美心理、求新异心理、求珍藏心理、求馈赠心理、求知识心理。

项目实训

1. 回想及写出一次你经历的最糟糕的餐饮服务,并分析其原因及解决办法。

2. 到餐厅用餐时,利用你的五官去感受餐厅带给你的体验,说出哪家餐厅给你带来了最深刻的体验?这种深刻的体验是什么?

项目 5
旅游景区设施管理

> **知识目标**
> 掌握旅游景区设施的分类；
> 熟悉旅游景区设施设备管理的内容；
> 掌握旅游景区设施设备安全管理。

设施设备是旅游景区进行旅游接待活动的基础。旅游景区设施类型繁多，投资较大，设施设备的管理要求也就相应较高。旅游景区在设施的前期管理、服务期管理、维修与更新管理以及安全管理等方面都必须予以高度重视，保证设施设备处于良好的运行状态。

任务一　旅游景区设施设备概述

一、旅游景区设施设备的概念、特点和分类

（一）旅游景区设施设备的概念

旅游景区设施设备指的是构成旅游景区固定资产的各种物质设施。它是提供旅游服务，进行服务活动的生产资料，是旅游景区从事经营活动及为旅游者提供服务或者其他旅游产品的物质基础。

（二）旅游景区设施设备的特点

1. 种类多

随着旅游景区功能的不断扩大，旅游景区已经发展成为集吃、住、行、游、购、娱于一体的综合性企业。而景区所提供的综合性服务，又是以设施设备为依托的，所以现代旅游景区的设施设备种类繁多、门类齐全。

2. 投资大

旅游景区为满足旅游者游览的多种需求，服务项目和功能越来越多，对设施设备的要求也就越来越高，所以旅游景区的设施设备投资也往往较大。

3. 维护费用高

由于旅游景区的设施设备种类繁多、复杂，所以要保持高效能的设施设备运转，维护检修费用就比较高。

旅游景区的设施设备，根据其不同的用途可分三大类：旅游设施、娱乐活动设施和游览服务设施。见表5-1。

表5-1　旅游景区设施分类表

类别		设施内容
旅游设施	基础设施	交通系统：停车场、景区交通干线、游览线路（步行小径、水路游览线）
		供水系统：储水系统设施、输水管道设施
		排水系统：污水处理系统设施、排水系统设施
		供电系统：电力系统设施、预备供电系统
		通信系统：电话网、移动电话基站、电传
		绿化系统：树木、花卉、草坪
		安全系统：防火设施、保安设施
	接待服务设施	住宿设施：包括各种服务设施及建筑设施
		餐饮设施：餐饮建设设施及餐饮服务设施
		商业设施：商业网点建设及商业服务设施
		康体设施：康体建设及辅助服务设施
娱乐活动设施	水上	浴场、游泳池、游船、游艇、垂钓池、水上游乐园、漂流等
	陆上	动植物园、娱乐中心、游览车、索道、儿童乐园、博物馆、展览馆、高尔夫球场、滑雪场、速降、蹦极、攀岩等
游览服务设施	导游服务设施	引导标志、导游全景图、景区介绍牌、标志牌、旅游信息触摸屏、游客中心设施等
	游览游乐设施	安全警告、标志、危险地带防护设施、特色交通工具、游乐设施、救护设施设备等
	环卫服务设施	旅游厕所设施、垃圾桶、垃圾收集站、垃圾处理设施等

根据旅游景区设施的分类方法，中国香港太平山登山缆车是为观赏沿途风景所用，属于陆上娱乐活动设施。

二、旅游景区的基础设施

旅游景区的基础设施主要包括交通、给排水、电力及通信、绿化及建筑等设施。根据游览方式及服务要求的不同，旅游景区的基础设施也会有所不同。

（一）交通设施

旅游景区的交通设施主要有专用停车场、景区内部交通道路及运输设施。

1. 旅游景区停车场的建设要求及相关服务设施

（1）旅游景区停车场的建设要求。

要求停车场面积的大小应根据旅游景区游客接待的容量合理建设。停车场的地面应平整、坚实。停车场的地面根据景区的具体情况可分别建设成平整、坚实的生态硬化地面、沙砾地面、泥土地面等形式的停车场。生态停车场是指有绿化停车线和绿化停车面或绿化隔离线的停车场。停车场的设施、建筑要与整个景区的景观相协调,否则会影响或破坏整个景区的景观。

(2)停车场的相关服务设施。

停车场上须设立停车线,以便汽车按车位停车。要对每个车位进行编号,以便做停车服务和车辆管理。在停车场上应进行分区,一般分为大车停车区和小车停车区,大车停车区主要供大型旅游车、大型公交车和卡车停放,小车停车区主要供轿车、中巴车等小型汽车停放。为了使停车场里的车辆出入有序,不发生混乱、堵塞现象,须设立明显的回车线,使司机能根据回车线的指示有秩序地在停车场里出入。回车线主要采用地面硬化指示或灯光指示两种方式设立。景区的停车场须分别设立汽车的出口和入口,以便汽车有序地从入口进入和从出口出去,同时也便于停车场管理人员对进出汽车进行服务和管理。大型的旅游景区可在停车场设立一个汽车维修、保养点,主要是为到景区的旅游汽车提供汽车维修及汽车保养服务;同时,在维修点上设立汽车清洗服务,为自驾到旅游景区旅游的游客提供免费清洗汽车服务。对于大型景区的大型停车场,须在入站口设立游客下车站,游客先在该站点下车,下车后司机再去停车;同时,在出站口设立游客上车站点,游客游览出来后司机将车开到上车站点,游客在此上车。这样可避免因游客在停车场里走动而带来的一些安全隐患。按消防要求及规定,停车场须设立数量足够的消防设施设备,以便在发生火灾时能及时灭火。另外,保安部必须定期检查防火、灭火装置及设备,并训练停车场的员工掌握灭火设备的使用方法和灭火技能。

2. 景区内部交通道路建设要求及服务设施

旅游景区的道路一般分为景区主要干道和步行游览道路。

(1)景区主要干道的建设要求及服务设施。

旅游景区内主要干道用于景观间的游客运输和供应运输。这种游览道路必须建设平整、无尘土,符合行车安全要求。景区主要干道的服务设施包括:各景观点设立的供游客上、下车的车站及站牌;根据道路情况设立的交通标志;景区内部的交通工具主要使用电瓶车、液化汽车,以利于景区的环境保护。

(2)景区内步行游览道路的建设要求及服务设施。

旅游景区里各个景观内的道路一般以步行为主,对这种游览道路的建设有以下要求:游览线路要做到有人有景、有展开、有高潮、有结尾。人景要新奇,引人入胜;展开即在景象特征、景观类型、游览方式和活动上不断变幻,起伏跌宕,使游客流连忘返;高潮是在游览中使游客感受最集中、最突出、最有特色的景观,应利用游览线路对主景进行泄景,使之若即若离,待成熟时达到高潮效果;结尾即游客回头时,感到回味无穷。游览线路对反映主题的景物应多设计几个观景点,从不同角度重复观赏,以强化游客的感受。游览线路应选择最佳的观赏点,有最佳的视角和距离,以扬景观之长,避景观之短。游览线路宜曲不宜直、宜险不宜夷、宜狭不宜宽、宜粗不宜平。根据景观的自然特点,保持自然风貌,使游人在游览线路上有登山、有越涧、有穿林、有涉水,不断变幻空间、变幻视线,能体会到游览线路上的游览乐趣。根据游览线路的长度和攀登的高度,适时设立休息点,使游客随处可安,灵活行止。休息点要设立观景的亭、台、廊,以及供游客休息的椅子、凳子等设施。景观的游览线路可有多条,有险、有平,以供不同年龄、不同兴趣的游人选择。景观的游览线路尽量为环形,不要走回头路,使游客有新奇感。每个景观的游览线路需要有进口和出口,以利于游客的疏散。对景观内步行游览道路主要应采用生态性材料建设,如用木头、木板、竹板、卵石、砾石、石板等铺设,以利于生态和环境保护,但铺设要体现地方及民族特色。

(3)景观内游览道路服务设施。景观内游览道路旁要设置足够的与景观相协调的垃圾箱,并且有明显标志。在游览线路上须设置一定数量的公用电话设施。在游览线路旁建设适当数量而且造型、色彩、格调与环境相协调的公共厕所,并设立醒目的引导标志。要根据游览线路的情况设置箭头、指示牌等引导游览标志,特别是在游览线路的交叉路口更应注意。引导标志上的文字必须有中英文对照,有必要的还要有中、英、日、韩四种文字对照。引导标志牌的设计最好与景观环境相协调,建议使用当地的生态性材料制作。

(二)给排水及排污设施

为保证游客在旅游景区内顺利开展旅游活动,水是不可缺少的重要条件。在景区内必须有足够的水源或蓄水、提水工程设施,有完善的供排水干管系统设施。为保证不污染环境,还必须有污水处理设施及污物排放处理的工程设施。旅游景区给排水及排污设施有如下要求:给排水设施要能满足景区供水和排水的需要;污水处理设施处理过的水要能达到国家要求的排放标准。

(三)电力设施

旅游景区电力设施系统的基本原则是满足用电要求和安全用电。景区集中了大量现代化的生活设施和设备,这些设施和设备大部分都用电力作为能源,所以必须有可靠的、能满足要求的电力供应系统。旅游景区电力负荷分为照明和动力两部分。照明部分包括服务、工作、广告照明及家用电器等;动力部分有水泵、娱乐设备及加工设备等。

(四)通信设施

旅游景区电话通信网由四个部分组成:一是交换设备,二是传输系统,三是邮电系统安装的IC卡电话,四是移动电话基站。景区对通信设施有如下要求:方便游客使用IC卡打电话及用手机与外界联系,通信设施建设要与景区景观相协调。

(五)绿化设施

在旅游景区内有一些绿化是为了满足功能的要求,或起到风景效应以及兼有风景效应的作用。这些既可观赏也可隐蔽、遮掩有碍景观的建筑,还可服务于景区的绿化,我们也把它看作旅游景区的基础设施之一。

1. 绿化在景区建设中的作用

(1)草坪、花木是景区风景的素材之一。无论是以建筑、文物、山石及水体为主题的景区,还是以花木、草坪为主题的景区都要进行绿化建设,美化景区环境。

(2)绿化可以丰富景点构图。景区的山石、房屋色调单一,而绿化后配以草坪、花木可以改变景点构图,调整单一色彩。

(3)绿化使景区景点产生时空变化和生气。由于植物的花、叶随季节变化,一年中有春花、夏绿、秋叶、冬雪,因此旅游景区的山石、建筑在绿化植物的陪衬下被赋予了变化的景致,使旅游景区四季有景、四季景异。

(4)绿化具有分割空间和隐蔽有碍景观建筑物的功能。旅游景区常常用花木、草坪把空间划分为若干个独立空间,便于游人游览。旅游景区中有的建筑观赏效果差,可用树木隐蔽,形成完整、美妙的观赏环境。

2. 旅游景区花木选择要求

(1)景区绿化选择花木时,以选择本地树种为主,因为本地树种易存活、成长快,与景区特色相符。

(2)在绿化时要考虑季节的变化,合理搭配种植花木,使旅游景区四季有景、四季景异。

(六)建筑设施

景区内的建筑设施主要是一些公用服务建筑、观赏建筑设施,如景区大门、游客中心、餐馆、饭店、商品销售点、园林建筑、民俗建筑等。旅游景区对建筑的要求如下。

1. 建筑物占景区面积比率应控制在20%～25%。
2. 建筑物高度不能超过4～5层。
3. 建筑物外形要求运用景区传统或历史的建筑风格,使建筑与景区环境相适应,体现民族性和地方性特色,并尽量使用当地的生态性建设材料建设,体现景区当地的建筑风格。

(七)安全设施

为了保证到旅游景区游览的游客的安全,需要按规定建立消防、救护、保安、安全等一些安全设施。危险地带安全防护设施主要包括安全防护栏、水上拉网等设施。消防、防火、医疗救护设施主要包括消防栓、保安设备、消防设备、医务室、医疗救护设备等。

(八)卫生设施

为了保持旅游景区环境的整洁、卫生,需建立足够的卫生设施。景区卫生设施的设置应本着方便、实用和美观、协调的原则,合理安排数量和布点。方便和实用是最基本的要求,但又必须与美观和协调原则相结合。美观是指各种卫生设施的外形要体现旅游区特色,具有一定的艺术美。协调是指要与旅游区的整体形象特别是要与相邻的景物相协调,甚至可在建筑设计上融为一体,内部功能具有实用性,外观形象上又可成为景观的一部分。景区主要有以下卫生设施。

1. 旅游厕所

旅游厕所要建设在隐蔽,但易于寻找、方便到达,并适于通风排污的地方。厕所的外观、色彩、造型应与景观的环境相协调。另外,可采用水冲式厕所或生态厕所。

2. 垃圾箱(桶)

垃圾箱(桶)应美观、整洁,与环境相协调,可根据景观环境特色专门设计造型。

3. 垃圾处理设施

按照国家有关规定建立垃圾处理设施,按要求处理垃圾。

三、旅游景区的接待服务设施

1. 住宿设施

住宿设施是指旅游景区内为游客提供住宿服务的宾馆、饭店、疗养院、度假村、民居旅馆、野营地等设施。

2. 餐饮设施

餐饮设施主要指景区内为游客提供食品、酒水饮料的快餐店、中餐厅、西餐厅、风味餐厅、咖啡厅和酒吧等设施。

3. 商业设施

在一个旅游景区内除分散的一些饮食服务网点和购买食品及旅游商品的网点外，一般还应有一个商业服务设施较为集中、完善及标准较高的商业服务中心，以满足游客不同的购物需要。

4. 康体设施

康体设施主要是指那些为游客提供康乐、休闲服务的健身房、高尔夫球场、室内外运动场等。

四、旅游景区的娱乐活动设施

1. 水上娱乐设施

水上娱乐设施主要是指旅游景区内的浴场、游泳池、游船、游艇、垂钓池、水上游乐园、漂流等设施。

2. 陆上娱乐设施

陆上娱乐设施主要是指动植物园、娱乐中心、游览车、索道、儿童乐园、博物馆、展览馆、高尔夫球场、滑雪场、速降、蹦极、攀岩等设施。

任务二　旅游景区设施设备管理

设施设备的管理是旅游景区一项非常重要的管理内容。加强旅游景区设施设备管理，使其经常处于良好的状态，是实现优质服务、保证景区正常经营活动的基本条件。

一、旅游景区设施设备管理概述

（一）旅游景区设施设备管理的概念

旅游景区设施设备管理就是对景区各种设备从规划、选购、验收、安装开始，经过使用、维护、保养、修理到更新改造为止全过程的系统管理活动。

(二)旅游景区设施设备管理的作用

1. 直接影响景区服务质量的好坏

旅游景区是以提供旅游服务为主的经济单位。满足旅游者的需求、使游客满意,是景区经营服务的宗旨。旅游景区设施设备是否合理使用、是否科学布局,将直接影响到旅游景区的服务质量。这些设施设备是否舒适、可靠、安全、美观,能否为游客提供游览的愉悦,是旅游者对景区服务管理的满意度、美誉度进行评判的一项重要指标,是提高旅游景区服务质量的保证。

2. 影响着成本、价格、利润等财务指标

设施设备的投入、运行、维护都需要大量的资金。设施设备的贷款利息支出及运行、维护、保养、修理等费用,是构成景区经营成本的重要组成部分。盲目投资将大量增加设施设备的维护费用、贷款利息等,直接使景区的利润减少,影响到企业的经济效益。另外从门票价格方面看,只有以完好的设施设备作保证才能为游客提供优良的服务,才能有良好的声誉,景区才能制定较高的门票价格。

3. 设施设备的安全直接影响着景区的声誉

设施设备管理是保证旅游者旅游安全的必要手段。保证游客安全是第一位的,只有在保证游客安全的基础上,才能创造经济效益,提升景区的知名度。安全有效的设施设备,有利于旅游景区客源的稳定,有利于对旅游景区形象进行宣传。如果景区的设施设备经常运转不灵,存在安全隐患,甚至发生安全事故,不仅不能令游客满意,增加事故处理费用,而且还严重影响到旅游景区的形象,造成负面宣传效应。

(三)旅游景区设施设备管理的特点

由于旅游景区必须适应市场的不断变化以满足游客的需求,所以旅游景区设施设备管理有其独特的特点。

1. 综合管理能力强

旅游景区设施设备投资额大,维护保养费用高,而且设施设备种类多,这就要求管理者的管理能力要强,否则不能把旅游景区的设施设备管理好。

2. 技术水平要求高

由于旅游景区的设施设备越来越先进,结构也越来越复杂,对设备的操作人员和修理人员要求也越来越高。这就要求景区管理人员要加强对员工的培训,使他们能操作和维修先进的设施设备,保证景区各种设备的正常运转。

3. 管理效率高

旅游景区的设施设备往往是为游客提供服务使用的,这就要求这些设备不能出现故障和缺陷,一旦出现问题,必须立即修复。景区对设施设备的维修工作一般有具体的时间限制。所以,管理者必须能高效率、高质量地组织员工排除设施设备的故障,使游客满意。

(四)旅游景区设施设备管理工作的任务

景区设施设备的管理工作主要是由工程部负责,其管理工作任务如下。

1. 负责景区设施设备的配置

不论是开发新旅游景区还是改造旧旅游景区，只要增加新设施设备，工程部都要遵循"技术上先进，经济上合理，经营上可行"的原则负责选购、运输、安装和调试设备。

2. 保证景区设施设备的正常运转和使用

使景区的各项设施设备处于良好状态是保证旅游景区正常运转的前提条件。要保证设施设备处于良好状态就要使操作者和使用者了解设施设备的性能、功效和使用方法，以便能正确操作。

3. 景区设施设备的检查、维护保养与修理

景区设施设备的检查、维护保养与修理是景区日常管理的重要部分。通过检查可以发现设施设备的问题并及时处理，以防止事故发生。通过维护保养，可以提高设施设备的技术面貌。设施设备的更新，是以比较经济、完善的新设施设备替代物质上不能继续使用或经济上不宜继续使用的设施设备。

设施设备的更新形式主要有两种：一种是原样或原水平的去旧换新，即当设施设备磨损到不能继续使用的程度时，以相同的设施设备进行替换。这是一种简单的设施设备更新，在科学技术进步很快的条件下，应尽量减少这种简单的更新方式。另一种则是新水平的去旧换新，即用效能更高、性能更完善的先进设施设备，取代技术上不能继续使用、经济上不宜继续使用的陈旧设施设备，这是设施设备更新的主要形式。只有通过先进的设施设备更新，才能不断提高旅游景区的技术装备水平，为旅游者提供最满意的服务。

旅游景区在进行设施设备更新改造时，还应注意以下几方面的问题。

（1）制定设施设备更新规定时，应有计划、有重点、有步骤地进行设施设备更新工作。注意克服服务工作中技术上的薄弱环节，提高综合服务能力。

（2）把设施设备的更新和现代化改装结合起来。

（3）做好更新过程中旧设施设备的利用工作。对替换下来的旧设施设备，尽量采取改装使用、降级使用、有偿转让或拆卸、利用主要零部件等方法，以充分发挥老旧设施设备的剩余潜力。

（4）讲求经济效益，做好设施设备更新的技术经济分析。

任务三　旅游景区设施设备安全管理

没有安全就没有旅游。旅游景区的安全问题主要包括自然灾害、人为灾害、安全事故、治安管理等方面。这里我们主要讨论旅游景区设施的安全问题。

一、旅游景区设施安全管理的基础工作

旅游安全事故的发生不但给游客带来损伤，旅游景区本身也会有经济、信誉、业务、设备、原料等方面的损失，严重的还会追究景区主要负责人和直接责任人的刑事法律责任。所以，加强日常管理是避免损失最为经济、有效的办法。

(一)建立安全管理组织体系

旅游景区应设立安全保卫委员会(简称安保委),直属最高层管理。设立安保委办公室,与"安全管理处"合署办公。设立顾问组、教育组、计划与发展组、监察执行组(或监察大队)。具体可根据景区容量大小和任务量而定。

(二)建立健全安全标志系统

在游客集散地、主要通道、危险地带等区域要按照国家规范的安全标志符号设置安全标志系统,用以提醒游客注意安全。安全标志是用于表达特定安全信息的标志,由图形符号、安全色、几何形状(边框)或文字组成。国标 GB2894-2008 将安全标志分为四种类型。

1. 禁止标志

禁止标志是用于禁止人们不安全行为的图形标志,包括禁止吸烟、禁止烟火、禁止带火种、禁止触摸、禁止跨越、禁止攀登、禁止跳下、禁止入内、禁止停留、禁止通行、禁止靠近、禁止乘人、禁止抛物等 40 种标志。其基本图形为带斜杠的圆边框。(见图 5-1)

图 5-1 禁止标志

2. 警告标志

警告标志是用于提醒人们注意周围环境，避免发生危险的图形标志，包括注意安全、当心火灾、当心电缆、当心落物、当心坠落、当心坑洞、当心塌方、当心车辆、当心滑跌等 39 种标志。其基本图形为正三角形边框，边框内有不同内涵的象征图形。（见图 5-2）

图 5-2　警告标志

3. 指令标志

指令标志是用于强制人们必须做出某种动作或采用防范措施的图形标志，包括必须戴防护眼镜、必须戴安全帽、必须穿救生衣等 16 种标志。其基本图形为圆形边框。（见图 5-3）

图 5-3 指令标志

4. 提示标志

提示标志是向人们提供某种信息（指明安全设施或场所）的图形标志，包括紧急出口、避险处等 8 种类型。其基本图形为正方形边框。（见图 5-4）

图 5-4 提示标志

旅游景区在建立健全安全标志系统时需注意以下事项：

（1）由于旅游景区可能接待来自不同国家和地区的旅游者，所有标志一定要按照国际规范制作和悬挂，不但利于推广，还可以让所有游客都能看得懂。

（2）标志不但要有中文文字，还要有其他国家的文字。因为图形标志由于有一定的隐含效果，单纯的图形符号是不能让游客获取正确信息的，还必须配文字。

（3）标志牌一定要置于明显位置和明亮环境中。不可有障碍物影响视线，也不可放在移动物体上。

（4）标志牌的材质除满足坚固耐用、遇水不变形的特点外，还要因地制宜，与旅游景区的资源环境相协调。如山地景区内用石质材料、森林景区内用木质材料等。

（5）旅游景区的各种标志牌是景区的形象构成要素之一，必须制作精良。表面不得有任何瑕疵，如空、洞、毛刺等。

（6）放置高度应与视线齐平，最大观察距离时的夹角不得超过 75°。

（7）为保证效果和防止出现纠纷，安全标志牌要至少每半年全面检查一次，对不符合要求的破损牌子应及时更换或维修。

(三)加强旅游安全宣传、教育与培训

旅游景区安全宣传教育既要面向游客,也要面向旅游地社区和旅游从业人员。对前者可通过旅途中的各种告示及解说系统和旅游从业人员的安全建议等进行宣传;对后者的安全宣传教育包括两部分,一是加强安全教育与培训,二是严肃旅游安全事故的处理。

(四)建立旅游安全预警系统

这一工作可依托旅游安全预警组织或人员进行。包括建立旅游景区安全监测网络,提高旅游景区安全监测的技术含量,如在森林旅游景区和山岳景区运用全球定位技术进行安全监测。

(五)强化旅游安全过程管理

旅游景区自身要加强景区内部体制的建设,应根据游客普遍所需的安全要求,结合景区的实际情况,制定出各个场所、各项服务工作的安全标准和安全保卫岗位责任制。设立专门的旅游安全管理机构,由专人负责,保证各项安全管理工作的安全标准和责任制能得到贯彻实施,有效地控制安全事故的发生;同时,可建立由旅游行政管理部门牵头、由旅游地居民、旅游从业人员、治安人员、消防、保险等多部门、多人员参与的社会联动机制。这一方面能够有效地抑制旅游安全问题的发生,另一方面能动员社会力量共同解决安全问题,把安全问题造成的破坏和损失降到最低限度。

(六)完善安全救助应急系统

旅游景区内应组建一支健全的抢险和医疗应急反应队伍,并开展一系列服务活动,如运送急救药品,就地处理,及时送往医院并安排需住院的游客入住,入院后的追踪服务尽快与游客亲友进行联系等。配备专门设备如紧急电话专线、救护车等,加强事故发生后的应急营救能力,以便将损失降到最低限度。

(七)旅游保险

这一工作可依托旅游安全救助组织或人员进行,这是做好安全事故善后工作,保障游客合法权益的保证。旅游景区应和保险业联合研究,制定出适合不同景区情况的各种旅游保险险种,并能针对不同游客和特殊游客群体如女性游客、老年游客的需要,制定出相关实用的保险险种并提供配包的保险服务。

二、旅游景区游船(艇)设施的安全管理

国家旅游局曾经出台了《关于内河旅游游船星级评定管理办法》,规定了游船设施和服务质量的等级,其中一个非常重要的方面就是安全性指标。这一规定的出台,对于有效减少游船安全事故的发生具有积极意义。

湖泊、河流等以水文景观为主体资源特征的旅游景区,游船(艇)成为游客主要的游览工具,其安全管理越显重要。如果管理体制不完善造成多头管理,很多部门不愿放弃权力,似乎谁都可以管,但又不深入具体管,出了事故又都相互推诿,导致问题时有发生,最终受损的是旅游景区和广大游客。

千岛湖在1994年"3·31"事件发生以前就是这种情况。由于管理混乱,加上游船通信等技术设备落后,最终导致了恶性事件的发生,给杭州的旅游业带来巨大的打击。事后浙江省和杭州市十分重视,协调淳安、建德两县(市),重新调整了游船管理体制,取得了很好的效果。

> **微型资料5-1**
>
> 千岛湖游船安全管理机制与措施
>
> (一)管理机构及模式
>
> 实行千岛湖水面统一管理。千岛湖景区综合管理处是千岛湖旅游船(艇)的经营管理机构。该机构由旅游、公安、航管三个部门联合办公。
>
> (二)审批管理
>
> 游船(艇)审批机关:淳安县千岛湖风景旅游管理局批准并颁发经营许可证,实行年检。游船(艇)基本条件:经船检部门检验合格,取得适航证书,船上工作人员取得适任证书;涉外游船必须是经航管部门核定的甲、乙类游船,配有专职保安和持有全国导游证书的导游人员;遵守法律法规和交通、公安、旅游卫生防疫等部门的行业规定,防火、防护、安全设施按规定装备齐全,必须配备通信设施,并保持联络畅通。
>
> (三)违规处置
>
> 经营业主如果出现无故不服从接待中心调度,或有超载、船员不足、证照不齐等违规行为,按有关规定给予罚款、停航直至吊销营业执照等处罚。
>
> (四)安全保障措施
>
> ①在景区内20多个景点设立安全监控站。
>
> ②为每一位来自中国台湾的游客投保100万元人民币。
>
> ③加强水上安全管理,由航管、公安、渔政三部门组成专门人员24小时在水面昼夜巡逻护卫。
>
> ④由杭州市交通局负责,建成了全国第一个现代化水上救助中心。投资300余万元的水上全球定位系统(GPS),集通信、定位、报警功能于一身,通信救助中心的卫星总控室实行24小时值班制度,游船装有卫星通信电话可直接与总控中心通话。

三、旅游景区索道及游乐设施的安全管理

索道,作为旅游交通运输工具,为游客游览名山大川提供了便利,也为景区增添了亮点,在旅游业中起着不可忽视的作用。据国际缆索运输协会统计证明:客运索道是所有交通工具中最安全的。但没有任何一种设备可以保证永远百分之百地安全运行。近年来国内外一些索道接连发生重大、特大安全运营事故,引起了人们对客运索道的高度关注。另外,有些景区为改变单纯依靠观光打天下的局面,贴近群众,增加游客的游览兴趣,在景区内特定区域设置了游乐设施,布局于室外或室内,如滑行车、碰碰车、水上自行车、儿童木马等。由于这些设施极易发生故障,因此日常管理和维修意义重大。

索道及游乐设施安全保障措施要求如下:

1. 参照执行中华人民共和国《游乐园(场)安全和服务质量》国家推荐标(GB/16767-1997)。其中客运索道要严格执行国家有关部门制定的技术标准。

2. 树立安全第一、预防为主的思想,配备必要的、充足的和有效的安全设施,确保运转

安全;建立健全各项安全管理制度、安全操作规程;建立完善的维修、保养制度,有专人、专职负责,确保游客生命财产安全。

3. 建立健全安全管理体系。

4. 开展经常性的安全培训和安全教育活动;定期组织安全检查;建立安全工作档案,有历次检查的原始记录并由负责人签字。

5. 员工应具有相关专业技术上岗证,员工要按规章作业。

6. 在游客游乐活动开始前应当让游客了解安全性注意事项,掌握安全要领;特殊项目要有要求,如年龄限制、健康要求等要有公示牌,工作人员也要随时提醒和有效控制;如果发生意外事故要按规定程序采取救援措施。

7. 安装报警电话、灭火器、避雷装置、急救设备等安全设施设备。

8. 索道和游乐设施一律不得超载和带险运转,严禁在大风、雨雪等恶劣天气下运转。

四、旅游景区漂流管理

漂流项目因给人以强烈的身心刺激而越来越受到旅游者的欢迎。但是,作为一项特殊的旅游项目,其危险性较高,加强管理就更为重要。

1. 要认真贯彻国家旅游局《漂流旅游安全管理暂行规定》,有布置、有落实。

2. 严格审批漂流旅游项目,对提报的经营项目进行细致审查,不成熟的一律不批;同时要建立市、地、县旅游行政管理部门负责本地区内漂流旅游活动的安全监督管理机制。

3. 制定漂流旅游安全和服务标准,经营企业具备旅游部门和企业相关部门认可证书,对漂流工具进行登记管理。

4. 经营企业设置专门安全管理机构或确定专人负责,对从业人员进行安全教育和安全培训,持证上岗。

5. 漂流工具安全可靠,严格执行核定的载客量,严禁违章操作;漂流水域符合安全规范要求,航道标志明显。

6. 码头设施完善,救生设施齐全;漂流安全宣传方式详尽,制定有效、合理的意外事故应急办法并易于实施。

旅游景区的安全工作要特别注重旅游高峰期的安全管理。旅游高峰期安全隐患最大,而且由于游客众多,管理难度也最大。景区应切实保证旅游设施尤其是机械游乐设施的安全,制定切实可行的安全措施,彻底消除安全隐患,给游客创造一个安全的旅游环境。

项目小结

旅游设施的配置是景区建设的重要内容,也是旅游景区产品的重要组成部分。旅游设施是旅游景区服务的依托,对设施的管理是旅游景区服务与管理的一项重要工作。本章通过介绍旅游景区主要设施的分类与具体要求,分析了旅游景区设施设备管理的内容、特点、任务等,重点介绍了旅游景区设施设备的安全管理。

项目实训

全班分为若干小组,每组6~8人,收集一些旅游景区发生安全事故的案例,分组讨论其事故形态、发生原因、解决办法及启示。然后再选择一个当地发生过安全事故的旅游景区,最好能实地了解其安全管理状况,找出其安全隐患,并讨论分析如何预防安全事故的发生。

项目 6
旅游景区安全管理

> **知识目标**
> 了解旅游景区安全问题；
> 理解旅游景区安全管理体系；
> 熟悉旅游安全事故类型；
> 掌握不同类型安全事故的防治和各类事故的处理方法。

任务一 旅游景区安全概述

一、旅游安全问题研究现状

旅游安全对于旅游景区的发展来说，是十分重要而又非常敏感的，没有安全，就会给游客的生命财产带来巨大的威胁，就无法使景区的各项经营管理活动顺利有序地开展起来，不仅会给景区本身造成损失，还会给地方旅游业的发展带来负面影响。因此，加强旅游景区安全管理工作，切实保障旅游者的人身、财物安全，是旅游景区可持续发展的根本保证。旅游景区管理必须高度重视景区安全，始终把安全工作放在头等重要的位置。

目前我国对于旅游景区安全管理的研究主要包括旅游景区安全保障体系、景区安全事故处理，以及各类旅游安全从业人员的管理和培训。但是国内对于景区旅游安全的研究还较少，而且研究主要集中在饭店安全方面。尽管旅游学已经建立了基础概念体系，旅游安全至今仍处于初步的探索阶段，在旅游学科研究中尚未达到应有的地位。有关旅游的政策、法规相对于旅游经营实践存在滞后性，至今还没有建立起系统的旅游安全法。

二、旅游景区安全问题的类型

（一）旅游安全问题

旅游安全是指旅游活动中各相关主体的一切安全现象的总称。它包括旅游活动各环节的相关现象，也包括旅游活动中涉及的人、设备、环境等相关主体的安全现象，既包括旅游活动中的安全观念、意识培育、思想建设与安全理论等"上层建筑"，也包括旅游活动中安全的防控、保障与管理等"物质基础"。没有安全，便没有旅游。旅游安全是旅游业的生命线，是旅游业发展的基础和保障。旅游业发展的事实证明，旅游安全事故的出现，不仅影响旅游活动的顺利进行，而且可能带来巨额经济损失；旅游安全事故危及旅游者生命和财产，直接影响社会的安定团结;旅游安全事故还会损害国家的旅游声誉,阻碍旅游业发展。因此,加强旅游安全管理具有重要意义。

完整地描述与说明旅游安全表现形态是一件很困难的事。通过对相关研究文献、旅游安全的相关报道以及调查结果的分析,本书把旅游安全归纳为六种表现形态,即犯罪、疾病(中毒)、交通事故、火灾与爆炸、自然灾害和其他意外事故。各种表现形态在旅游活动的各环节交替或同时出现,难以划出泾渭分明的界线。从旅游运行环节和旅游活动的特点来看,旅游安全活动的六大环节,可相应分为饮食安全、住宿安全、交通安全、游览安全、购物安全、娱乐安全六大类。

(二)旅游景区的安全问题

概括来说旅游景区的安全问题主要包括自然灾害、人为灾害、安全事故、治安管理四个方面。

1. 自然灾害

旅游景区自然灾害是指在旅游过程中突发性的,给游客或旅游设施带来严重危害的天然灾害事故。如水灾、洪涝、地震灾害、泥石流灾害、气象气候灾害(指由于气象气候因素发生灾害而引起的风景区灾害,包括台风、暴雨、暴风雪、风沙等)。此外生物旅游灾害(指由于森林火灾、病虫害等引起的生态环境和文物古迹遭破坏的灾害)也应该属于景区自然灾害的一部分。

2. 人为灾害

人为灾害主要是指由于人的行为而造成的对游客身心及财产损害的事故。如人为火灾、旅游超载事故、交通事故等。

3. 安全事故

旅游景区安全事故的发生方式很多,造成的损害也不同,而且发生地点多种多样,这使得归类旅游安全事故非常困难,归类的依据、角度也很多。从不同资源类型的景区来划分旅游安全事故有以下两类:

(1)自然资源类旅游景区安全事故类型

在自然资源类的旅游景区,社会环境相对简单,人口构成单一。在这类目的地,旅游安全事故的诱因主要集中为自然因素及旅游活动相关人群的行为上,如游客的旅行技能、道路安全状况、自然灾害、野生动物袭击等。

(2)人文资源类旅游景区安全事故类型

人文资源类型的旅游景区多位于人口集中的城镇,而有些城镇本身就是旅游目的地,这类景区人口集中、构成复杂,各类活动比较多,人与物之间产生的伤害较少,而人为造成的安全事故则占主要比例。除了人口密集所带来的负面因素之外,有些是景区原住民和游客之间的文化冲突所引起的安全问题,如文化习俗不同所引起的冲突、欺骗等。

4. 治安管理

风景旅游区是游客集中区,人员流动量大、人员构成复杂,如果景区面积大、地形复杂,治安问题就显得比较突出,易发生爆炸、暗杀、抢劫、绑架等。为此,必须建立景区安全防控网络体系,以保证游客和景区的安全。

（三）旅游景区安全事故表现形态

旅游景区安全事故的表现形态复杂多样，从旅游者、旅游行政部门的调查分析中可以发现，旅游景区安全事故主要表现为以下几种形态：交通安全事故、治安事故、火灾事故、自然灾害事故、食品中毒事故、环境安全事故、其他意外事故。

1. 旅游景区交通安全事故

旅游景区交通安全事故是指机动车驾驶人员、行人、乘客以及其他在道路上进行交通活动的人员，因其行为违反了国家有关道路交通安全的法律法规的规定，而造成的人身伤亡和财产损毁的事故。根据事故的表现形式，旅游景区交通安全事故可分为碰撞、碾压、刮擦、翻车、坠车、爆炸、失火七种。据统计，在旅游景区交通安全事故中，碰撞（包括正面碰撞、侧面碰撞、追尾碰撞）占事故总数的2/3以上。根据事故发生的空间性质，旅游景区交通安全事故可分为景区道路交通事故、景区水面交通事故、景区索道安全事故、景区代步小工具安全事故等。

2. 旅游景区治安事故

旅游景区治安事故是指由于刑事犯罪而导致的各种事故。根据旅游活动中存在的犯罪现象，旅游景区治安事故可分为敲诈勒索、诈骗、抢夺、抢劫、盗窃、性侵犯等类型。

3. 旅游景区火灾事故

旅游景区火灾事故是指由于人为因素而引发的各种火险。根据事故发生地点的类型，可分为景区住宿设施火灾、景区餐饮设施火灾、景区游览设施火灾、景区娱乐设施火灾、景区游乐设施火灾等；根据事故成因，可分为故意纵火、过失失火两种；根据事故级别，可分为一般火灾事故、重大火灾事故、特大火灾事故三种。例如，2008年12月8日，华山景区发生山林火灾，虽未造成人员伤亡，但景区森林植被过火面积达60 000平方米，损失巨大。

4. 旅游景区自然灾害事故

旅游景区自然灾害事故是指因自然灾害而导致的安全事故。其通常包括以下几个类型：地质灾害、气象灾害、生物灾害、环境疾病灾害等。地质灾害是因岩层地貌受到破坏而引发的灾害，包括洪水、滑坡、泥石流、地震、火山喷发、雪崩、滚石、地层塌陷、溃坝等。气象灾害是因气象变化异常而导致的灾害，包括暴雨、雷电、暴雪、沙暴、台风、海啸、冻雨、霜冻、龙卷风、阴霾、极端低温、极端高温、森林自然火灾等。生物灾害是生物圈内各种生物的活动给人类的活动环境带来的破坏，包括动物灾害、植物灾害、微生物灾害等，具体如凶猛动物、有毒有害昆虫的袭击（包括追猎、捕捉、叮、咬、蛰、刺、啄等），以及游客误食或误碰有害植物、森林发生病虫害引起树木倒伏损伤游客等。环境疾病灾害是因环境问题而引发的疾病，包括因空气质量差而引发的流感，因水质及土质污染、环境卫生状况差而引发的腹泻、疟疾，因缺氧而引发的高原反应等。例如，2007年5月2日，云南梅里雪山发生雪崩，造成2名游客死亡、1名游客重伤、6名游客轻伤；2009年8月15日，受秦岭主峰南麓短时强降雨影响，位于秦岭腹地的陕西宁陕县广货街镇篙沟村旅游景区山洪暴发，10名游客被洪水冲走，最终6名游客遇难，4名游客获救生还。

5. 旅游景区食物中毒事故

旅游景区食物中毒事故是指因景区饮食卫生条件差、食品不洁而导致的游客集体突发

病（急性非传染性疾病）。这是游客在摄入了含有生物性或化学性有毒有害物质的食品或者把有毒有害物质当做食品摄入后出现的非传染性的急性、亚急性疾病。食物中毒的病原可以是生物性的致病微生物或化学毒物；食物中毒的原因可以是食品污染，或者是食用了有毒动植物，或者是把有毒有害的非食品当做食品误食；食物中毒的发病特点是非传染性的急性、亚急性疾病，可区别于其他食源性疾患。例如，2010年10月8日，四川海螺沟景区的广州游客在食用海螺沟磨西镇一家酒店提供的早餐后发生食物中毒事故，该事故造成1人死亡，42人入院。

6. 旅游景区环境安全事故

旅游景区环境安全事故是指景区内的自然环境、游览场所因自然因素（非灾害因素）或人为因素而导致的安全事故。其通常包括以下几个类型：海滨安全事故、山地安全事故、环境容量安全事故、防护安全事故等。

（1）海滨安全事故

海滨潜在的安全隐患是海浪、潮水等。例如，1993年10月3日，在浙江萧山市（现杭州市萧山区）尚未开放的"钱塘江"观潮点，发生了一起游客被大潮卷走的特大伤亡事件。当天中午12时20分左右，部分观潮者冒险进入伸入江中的挡水坝，结果被突如其来的巨大浪潮卷入钱塘江中，或冲向堤旁的乱石堆。此次灾害共造成19人死亡、27人受伤、40人下落不明。1999年，钱塘江吞噬了19名游客的生命。2003年7月30日，钱塘江再度发威，杭州近江地段连续发生4起钱江潮卷人事件，共有33名市民和游客被钱江潮卷走，其中25人获救，8人被海浪吞没。

（2）山地安全事故

山地潜在的安全隐患是险峰、悬崖、峭壁、危岩等。

（3）环境容量安全事故

环境容量潜在的安全隐患是空间狭小导致的拥挤、踩踏、建筑物倾倒等。

（4）防护安全事故

防护安全隐患包括客观条件安全隐患和主观条件安全隐患。前者是指因游览安全设施老化、损坏、故障而导致的保障不力等；后者是指因游客自我保护意识和保护措施不足而导致的走失、失足、溺水、中毒、触电、受辐射、染上当地传染病等，以及因景区救助人员救护不及时、不到位、不稳妥而导致的游客伤病加重、危急等。例如，2007年8月13日下午，巡回到韩国釜山的国际游艺活动项目"环球嘉年华"发生严重事故，摩天轮观览车厢突然被撞，5名游客从20米高空坠落地面，全部死亡。在此次事故中，同时乘坐摩天轮的游客还有十余人受伤和受惊，其中一名游客伤势严重。

7. 旅游景区其他意外事故

（1）高风险旅游行为造成的意外事故

有些游客喜欢挑战自我，刻意追求高风险旅游行为，却没有经验或能力做足事前准备，其代价往往是游客人身安全保障的牺牲。例如，2011年4月3日晚，39名"驴友"在北京房山周口店猫儿山遇险，北京警方的两架警用直升机首次参与搜救，公安、消防共出动300余名警力，最终将所有被困者救下山。4月4日下午，北京警方再度接到报警，17名在门头沟西龙门涧野山上登山的游客迷路，警用直升机再次出发赴山中搜寻。2011年4月28日，3

名来自深圳富士康公司的"驴友"冒险深入丹霞山未开放区"探险",不料迷失方向被困山中。5月2日14时许,被困山中2天的这3名驴友在经过160多人次的搜救队伍长达23小时的全力搜索后获救。

(2)旅游者无意识过错行为造成的安全事故

这包括游客因随意扔弃烟头、野炊、野外烧烤等而引发的山林大火;游客因误入泥泞沼泽地、有瘴气的山谷或毒蛇及部分野兽猛禽经常出没地而意外丧生。例如,2004年春季,华山风景区就曾因游客扔弃的烟头而引发山坡植被着火。

(3)游客对旅游目的地的文化背景缺乏了解而造成的意外事故

部分地区文化内涵丰富,但社会发展滞后,当地居民对开展旅游较为排斥,加之游客在进入景区活动时,因放松肆意的心态、道德感弱化、文化背景差异及对民族禁忌的不熟悉,扰乱了当地居民的正常生活,所以极可能与当地居民发生冲突,造成旅游安全问题。此外,因游客与摊贩发生纠纷而引起的事故目前也不在少数。例如,2011年4月10日下午3时30分,在广西桂林市灵川县大坪镇古东瀑布景区,游客刘某等在景区向当地村民购买草葛时与摊主发生冲突,村民王某(已怀有3个月身孕)在冲突中倒地不起,送至大好镇卫生院,经抢救无效不幸死亡。当地村民情绪激动,用石块将景区道路堵塞,800余名游客滞留景区。

三、旅游景区安全事故原因分析

(一)景区管理者因素

1. 有些景区重效益、轻安全,过度追求经济利润

旅游景区没有处理好接待与安全、效益与安全、发展与安全的关系,忽视安全管理投入,造成安全服务基础薄弱、安全技术落后、安全设施不足、安全设备老化,以至消防、交通、饮食、治安等方面存在安全隐患。

2. 有些景区应急救援体系不健全、机制不完善

旅游景区突发事件的应急预案不具可行性,或滞后于旅游发展,甚至缺失;安全生产宣传教育和培训工作不够普及、深入、细致和实用,对教育和培训重要性的认识有待加强。

(二)旅游者因素

1. 游客安全意识差、安全行为差

旅游的本质决定了旅游者以追求精神愉悦与放松为目的,因此游客出游的主要动机是放松休闲、逃避世俗环境。游客在流连于山水之间时,精神上容易放松警惕,行为上有时也表现出放纵自我,以期获得更大的自由,这些都为旅游安全隐患变为现实提供了温床及恣意扩大的空间。

2. 游客盲目追求个性体验

一方面,部分游客刻意追求高风险的旅游行为,个别游客甚至不顾生命安全去寻求一种危险刺激,包括极限运动、峡谷漂流、探险旅游、野外生存等在内的一批惊、险、奇、特旅游项目已成为一种流行时尚;另一方面,游客不再满足于传统的被动旅游的方式,纷纷转向主动式、自助式、多文化主题的个性化旅游,主观上愿意选择游客相对疏散的景区,强调刺激、动态参与及单独行动,这些也容易导致旅游安全事故的发生。

(三)社会因素

我国的旅游安全管理部门多而复杂,景区的日常工作涉及多个政府职能机构,如旅游、工商、林业、环境等,但这些部门、机构大多没有完全理顺彼此间的行政关系,从而导致了多头领导、管理错位和混乱。更严重的是,由于这些部门、机构的职责不明、责任落实不到位等,因此形成了管理上的"真空地带"。这种局面使得旅游景区安全受到威胁,安全隐患问题得不到及时发现和解决。

1. 相关法规不配套

旅游安全管理立法方面还存在许多空白之处。一些颇受游客欢迎且对安全需要较高的特殊旅游项目未能纳入安全管理的范畴,从而导致旅游设施安全事故频发。有关旅游的政策、法规相对于旅游经营实践存在着滞后性,至今还没有建立起专门的旅游安全法,遇到棘手的问题时只能套用其他相关法律。

2. 旅游安全管理执法不力

由于种种原因,已有的相关法律法规及安全制度并没有得到很好的落实。目前,我国旅游景区普遍存在重旅游基础建设、轻安全设施建设的现象,从而导致景区安全隐患无处不在,直接给游客的安全带来了威胁。

3. 其他因素

导致旅游安全事故的其他因素主要是自然因素,如洪水、泥石流、滑坡、地震等自然灾害,这些因素在山区型的旅游景区最容易发生。在旅游高峰期,一旦发生类似的旅游安全事故,往往会造成重大的损失。此外,导致旅游安全事故的其他因素也包括人为因素,如旅游设施的设计不合理、质量不过关等,从而埋下了安全的隐患。

任务二 旅游景区常见安全事故的预防与处理

一、预防与处置景区自然灾害

旅游活动是在大自然中进行的,因此,自然灾害对旅游业的影响也比较大。根据产生灾害的不同因素,自然灾害可分为地质地貌灾害(如地震、海啸、火山、泥石流、滑坡等)和气象气候灾害(台风、暴雨、山洪、沙尘暴等)。这些灾害不仅危害旅游交通、景区的旅游资源,而且还危害人们的旅游安全,给旅游业带来很大的损失。虽然有些自然灾害无法准确报告,但仍然必须坚持"预防为主"的原则,做到防患于未然,将损失降到最低程度。

(一)山洪与泥石流

1. 景区山洪与泥石流灾害预防

(1)做好日常监测

景区要做好日常监测工作,注意收听天气预报。监测流域的降雨过程和降雨量。监测沟岸滑坡活动情况和沟谷中松散土石堆积情况,分析滑坡堵河及引发溃决型泥石流的危险性。在山洪、泥石流多发区设置观测点,发现上游形成灾害后,及时向下游发出预警信号。

(2)灾害多发期关闭景区

山洪、泥石流发生的时间规律是与集中降雨时间规律相一致的,具有明显的季节性,一般发生于多雨的夏、秋季节。所以在山洪、泥石流高发期,景区要及时告知游客,必要时则须部分或全部关闭景区。

(3)连降暴雨时加强警戒

每当景区连降大暴雨时,管理人员应对景区内的山洪、泥石流易发区或冲沟、峡谷、溪岸等地加强警戒,如有异常,要立刻阻止游客前往这些地区游览。

(4)对游客进行安全教育

提醒游客在山区旅游时,如突遇暴雨一定要想到山洪、泥石流暴发的可能性,并教会游客一些简易的自救逃生知识。

(5)建立安全应急预案

景区要建立安全应急预案,平时要进行紧急救援的演习。当灾害发生时,能够帮助游客安全有序地脱离现场,做好救援工作。

2. 山洪、泥石流的应对处理

(1)尽快下山

若景区遭遇到暴雨,且区内有游客时,景区应立即通过各种方式告知游客停止旅游,尽快下山。

(2)提前判断

①看。河(沟)床中正常流水突然断流或洪水突然增大,并携带着柴草、树木,可确认河(沟)上游已形成山洪或泥石流。

②听。深谷或沟内传来类似火车轰鸣声或闷雷声,哪怕极其微弱,也可认定山洪、泥石流正在形成。另外,沟谷深处变得昏暗并伴有轰鸣声或轻微的振动声,也说明沟谷上游已发生山洪或泥石流。

③如果听到异常响声,看到有石头、泥块频频飞落,表示附近可能有山洪、泥石流袭来。如果响声越来越大,则表示山洪、泥石流就要奔涌而至,要立即丢弃重物,尽快逃生。

(3)避险要点

①下山时要尽量避开山体容易滑落的地区,避开土石相间的山崖或山坡,不要在沟道内避雨。

②若来不及下山,要马上往与山洪、泥石流形成垂直方向的两边的山坡上面跑,跑得越高越好,越快越好,绝对不能往山洪、泥石流的下游跑。

③春季雪水融化时节,即使在山区景区公路上行走,也要注意路旁山崖的地质条件。不要在可能松动、滑动的山崖下休息,应该尽快通过。

④车辆尽量在道路的外侧行驶,避免山体滑坡时砸伤车辆。遇有山石塌落在路上,不要贸然通过,更不要在情况不明时自行清理路障,以避免后续的山石滑落造成伤害。

⑤行人或车辆在汛期过漫水桥时,一定要观察水深和流速,谨慎通过。洪水在上涨期间,不得通行。

⑥如桥梁被冲垮,可沿山涧行走,找河岸较直、水流不急的河段试行过河。如果水已齐腰就不能涉水,过河时如有绳子则一手拉绳,无绳时可以手持一根竹棍、木棒用于探水深以

及河床情况,并有利于支撑保持平衡。迈步时要前脚踏稳,后脚才提起,步幅不宜过大。

(4) 请求援助

凡是遇到大的山洪、泥石流灾害,景区都应向上级有关部门报告,请求公安、武警给予救助。

> **微型资料 6-1**
>
> 被困山区等待救援要点:
>
> 1. 要选一处离山洪、泥石流爆发处较远的地方,最好是高处平地或山洞,等待救援。
>
> 2. 将能带的食物、火种以及必需用品带上并保管好,做好需等待 1~2 日获得救援的准备,节约粮食和熟食,注意饮水清洁。
>
> 3. 设法发出求救信号。无通信工具的,可寻找一些树枝和其他可燃物点燃,同时在火堆旁放一些湿树枝或青草,使火堆升起大量浓烟,以引起搜救人员的注意。
>
> 4. 已经撤出危险区的人,暴雨停止后不要急于返回沟内住地收拾物品,应等待一段时间。

(二) 地震与海啸

地震是指地球内部缓慢积累的应力突然释放产生的震波,在一定范围内引起地球表层震动的现象。地震是地球上经常发生的一种自然灾害,全球每年发生地震约 550 万次。

地震按成因主要可分成构造、火山、塌陷、诱发、人工地震等类型。其中主要是构造地震,约占全球天然地震的 90%,释放能量约占总量的 99%,也是破坏性最大的地震。2008 年 5 月 12 日四川汶川大地震就是典型的构造地震。

在海底或滨海地区发生的、震源在海底 50 km 以内、里氏 6.5 级以上的海底地震,能引起巨大的波浪,称为海啸。此外,海底火山爆发、土崩及人为的水底核爆也能造成海啸。

1. 地震与海啸灾害的预防

地震与海啸作为一种自然现象,并不必然地给人们造成灾害,其是否对人、对社会造成伤害,取决于地震的强度,只有强震或中强以上地震(震级大于 4.5 级),在其他条件具备的情况下,才可能造成灾害。假如人们能有足够的警觉,能预知地震的发生,并有充分的抵御震灾的准备,那么灾害就能大大减轻。例如 1975 年 2 月 4 日海城发生 7.3 级地震时,我国做出了成功的预报,这是人类历史上第一次成功的地震预报。但总体来说,发生在人们生存区内的强震造成灾害仍是不可避免的。

因此,处于地震带或易发生地震、海啸地区的景区平时要注意对员工进行地震知识的科普教育,开展防震演练,做好应急预案,这样就可以将损失减少到最低。

2. 景区地震的应对处理

就目前的科技水平而言,很难做出准确的地震预报,所以很难进行有效的预防,但在发生地震时,为了防止混乱,每个人要依据正确的信息,服从指挥,冷静地采取正确的逃生避险措施。不要听信谣言,不要惊慌失措、轻举妄动。一般发生地震后,余震还会不断发生,环境还可能进一步恶化,要尽量改善自己所处的环境,稳定下来,设法脱险。

(1) 求得生存为第一原则

首先,保持清醒的意识,迅速判明周围情况。无论采取何种避险行动,都要迅速、果断,力戒迟疑、徘徊。以往的经验表明,在震时的险境中,许多生存机会是行动迟缓贻误的。

其次,震时如能迅速脱离危险建筑物是最理想的,但能否做到这一点,则要依具体环境和条件而定。因此要充分发挥个人的应变能力,紧急避险且行动要果断,不求万全。不论是采取脱离危险建筑物的行动,还是就近应急避险,都要视条件而定。

再次,逃离后避险场地的选择应本着就近、安全、便利和水源充足等原则,避开危险的易燃、易爆源,高压电力线以及高大建筑物,同时应考虑人员密度等因素,宜选择广场、学校操场、停车场、绿化草地等场所。

最后,如果大震已开始,游客仍然处于室内,尤其是处于楼房上层、下楼迂回处,跳楼危险的情况下,则可迅速地避开墙体、砖砌烟道、门窗薄弱易塌部位,就近在床边、炕边或家具旁或者在有支撑作用的立柱边躲避,以求处于空隙中而获得生存机会。地震时最应避免的是盲目行动。地震时慌乱,不顾环境、条件所限,盲目跳楼,慌乱拥挤等,往往会导致不应有的伤亡。

(2) 抢救生命的活动必须实行就近原则

当景区内人员发生不幸时,应从最近处救起,切不可舍近求远,这样极可能两头都被耽误。要先救活人,先救容易救的人,这样在短时间内便会壮大救援者队伍。同时,要注意避免对被救人员造成新的伤害,被救人员的处境往往十分复杂而危险,稍有不慎就会引起新的伤害,如楼板、碎石等进一步塌落。

(3) 请求支援

尽可能地联系当地政府、当地救援机构和景区的上级主管部门,取得进一步的支援。

3. 海啸的应对处理

(1) 迅速撤离海岸

一旦发生海啸,景区要组织游客迅速离开海岸,往高处安全的地方跑。另外,注意通过收音机或电视等掌握信息,在没有排除海啸警报之前,不要靠近海岸。

(2) 身陷海浪中要保持冷静

如果面临海啸,应该尽量牢牢抓住能够固定自己的东西,而不要到处乱跑。在浪头袭来的时候,要屏住一口气,尽量抓牢固定物不要被海浪卷走,等海浪退去后再向高处转移。

海啸的浪墙是分组的,第一个浪墙过后,会有近10分钟甚至几十分钟时间的间隙,第二个浪墙才会到达,如果能够在第一个浪墙到达后生存下来,那么必须尽快抓住这宝贵的间隙时间逃生。

万一不幸被海浪卷入海中,需要冷静,要确信自己一定能够活下去。同时,尽量用手向四处抓,最好能抓住漂浮物,但不要乱挣扎,以免浪费体力。人尽量放松,努力使自己漂浮在海面,因为海水的浮力较大,人一般都可以浮起来。如果在海上漂浮,要尽量使自己的鼻子露在水面或者改用嘴呼吸。能够漂浮在水面上后,要马上向岸边移动。

如何判断海岸在何方呢?漂浮物越密集代表离岸越近,漂浮物越稀疏说明离岸越远。

(3) 轮船开往深海

若轮船在大海中航行遇到海啸,需要以最快的速度往深海里开,开得越远,危险就越小。这是因为,波高跟水深成反比,海域越深,波浪就越弱。反之,海啸的能量会在浅海积聚起来，形成一堵几十米高的水墙，沿岸无论有多么坚固的防波堤也难以抵挡巨大的波浪。

> **微型资料 6-2**
> 如何判断海啸的征兆？
> 　　海啸到达海岸之前，首先是海水后撤，有点类似于退潮，不过海水会退得更远，甚至会在岸边留下一片深海死鱼。因此，深海鱼出现在海面上，是海啸等海洋异常活动的预报，这可以帮助人们避开灾难。其次，海啸的排浪与通常的涨潮不同，海啸的排浪非常整齐，浪头很高，像一堵墙一样。最后，海啸到达前会发出频率很低的吼声，与通常的波涛声完全不同，在海边的游客如果听到奇怪的低频涛声应当尽快撤离。

二、预防与处置景区游乐设施事故

（一）水上娱乐设施事故

漂流、潜水、摩托艇、海钓、香蕉船、飞鱼船、空中飞伞、游艇观光等众多项目都属于水（海）上娱乐项目，这些项目多具有刺激性和挑战性，富有现代高科技特征，受到广大游客的青睐。但与之相伴的是安全事故也极易发生。

景区在组织游客参与水上项目活动的过程中，必须严格遵守各项技术规范，并在特定的水域内开展旅游活动。

1. 水上娱乐事故的预防

景区除严格执行各级行政管理部门制定的各类水上项目旅游安全管理法律、法规外，还应做好如下几个方面的工作。

（1）选择适宜开展水上活动的安全水域

确定水域的水文地理情况，如宽度、深度、无旋涡和暗礁等，适宜开展水上活动；水域两岸地质情况良好；无滑坡、崩岸等安全隐患，周边区域社会治安和自然安全情况良好。

（2）确保水上活动工具安全可靠

各类水上活动工具必须保证绝对的安全可靠，并需持有生产(制造)厂家合格证书；核定载客量；配备足够的安全救生装备。

（3）加强码头区域的安全管理

码头区域必须在醒目位置设置《游客安全乘船须知》，在适当位置，设置安全警示牌等。游客上下船时，船舱门口必须设置两名船员维持秩序，确保游客上下船的安全。栈道踏步出入口处必须有专人监护。游客候船时，必须有专人组织游客在指定地点等候，不得拥挤。

（4）配备专业安全救护人员

这些工作人员必须身体健康、技术熟练，并持有上岗合格证书；熟悉操作规程、规章制度和安全知识，并能熟练地使用安全救生设备进行救护活动；在易发生事故的危险地段，安排专人负责安全监护。

（5）及时掌握天气动态

遇天气骤变，暴风雨来临时，要立即启动紧急救援措施，利用救护艇和广播，迅速通知所有船只驶向安全地带，就近靠岸，疏导并保护游客上岸避险。不得在恶劣天气、夜间以及其他危及航行安全的天气情况下航行。

(6) 做好安全提示

水上活动开始前,工作人员必须做好游客的安全检查,对游客进行安全提示,确认游客穿好救生衣。对于水上快艇等高风险旅游项目,景区要把风险和有关注意事项讲清楚,必要时可要求游客签署书面协议。督促游客投保旅游意外险,尽到安全提示职责。严密监视游客活动情况,阻止其在非指定区域内划船、游泳、冲浪等。

(7) 加强对项目经营者的管理

经营水上项目的公司必须具备经营许可证,拥有性能良好、安全可靠的工具,拥有一支经过培训的、责任心强、技术熟练的专职工作人员队伍。同时还必须制定相关规章制度和意外事故处理的能力和措施。旅游旺季时游船不得超载,不得带病行驶,确保游客的安全。

(8) 定期开展安全法规宣传教育

组织开展定期或不定期的"安全日"学习活动,并结合典型事故案例进行剖析讲解,遇重大事故及时予以通报。另外,在渡口、码头的醒目处设置安全宣传标语、渡口守则、宣传画、安全须知等标牌。在旅游旺季,深入游览水域进行现场安全宣传教育。

2. 景区水上安全事故的急救与处理

(1) 落水事故的处理措施

①景区当班工作人员应立即通知"景区落水救护组"赶赴现场,组织力量全力抢救落水人员。

②确定落水人员是否全部被救上岸,如有受伤人员应立即向"120"急救中心求助,或派其他车辆、船舶、竹筏等交通工具,以最快速度将伤员送至医院救治。落水者失踪的,应立即协调有关人员进行搜救、打捞。

③查清落水原因,根据事故责任情况,依据有关法规和规章对当事者进行查处。

(2) 水上交通工具(船舶、竹筏)发生碰撞、触礁,造成浸水或沉没的处理措施

①救护艇平时加强水域巡视,明确责任区域,对违规船只进行纠正,发现情况实施救援,严格控制超载乘船。在水面要注意天气的变化,发现恶劣天气来临,要及时向岸上的领导报告、请示,立即采取措施,保证游客安全上岸。

②大游船遇到特殊情况,如碰撞、搁浅、船只失灵及其他情况时,船长指挥并带领船员立即协助游客迅速穿戴好救生衣、救生圈与救生器材,按照船舶安全救险规范进行操作(随时注意防止船只搁浅),向其他船只发出求救信号,立即向"119"、"110"报警请求救援,并组织维护现场救援秩序。

③船舶在航行时,若发生螺旋桨被缠造成停船,要迅速协助游客穿好救生衣,原地静坐待命,船舶要慢速停靠码头(注意防止船只搁浅)或者锚泊,用救援船只立即安全疏散游客上岸,及时排除水下被缠物,尽快恢复航行。

④事故调查处理人员应立即赶赴现场进行调查取证。

⑤根据现场及救援需要,对事故地点水域采取临时性交通管制。

旅游景区服务与管理

微型资料 6-3

溺水的简单救治

1. 溺水正在发生时

看到有人溺水了，如果现场有条件首先丢给他有绳索的救生圈。若现场没有救生圈，可以找一个长竿子之类的东西让其抓住。若溺水者离岸边很远，且救人者的水性又不是很好，最好不要游过去直接救人，应划船或驾船前往搭救，以免救人者体力不支反而危及自己的安全。

2. 水中急救

溺水后如果溺水者的呼吸还算理想时，救人者要从溺水者的后面托着他的头颈，尽量保持其头颈与背部成直线不动，并维持溺水者的脸露出水面朝上。若溺水者的呼吸不理想，即使在水中，也要进行人工呼吸，上岸继续急救，并迅速拨打 120 或 999 急救。

3. 上岸后急救

第一步，检查阻塞物。上岸后用 5 秒快速检查一下溺水者的口腔、鼻腔、耳部、面部是否有污垢堵塞，如有，应快速清除，然后检查身体是否有碰撞部位及情况。如果有义齿等物品，也要去掉。

第二步，控水。在进行上述处理后，应着手将进入溺水者呼吸道、肺部和腹中的水排出，这一过程就是"控水"。常用的一种方法是，救生者一腿跪地，另一腿屈膝，将溺水者腹部搁在屈膝的腿上，然后一手扶溺水者的头部使口朝下，另一手压溺水者的背部，使水排出。

第三步，有效实施心肺复苏。如果溺水者脉搏跳动已经消失，应抓紧一切时间，力争在 4 分钟之内进行心肺复苏。

在实施心肺复苏之前，先要检查溺水者是否还存在知觉，或轻触溺水者下颌部位于气管、喉两侧的颈动脉，看是否存在搏动。如果溺水者已失去知觉，颈动脉也无搏动，就需要进行心肺复苏了。

(二)陆上娱乐设施事故

游乐设施是承载游客游乐的最常见、最重要的设施之一。陆上娱乐设施主要有观览车类(包括观览车、太空船、海盗船、飞毯、流星锤、遨游太空等设备)、滑行类、陀螺类(指乘人部分绕可变倾角的轴做旋转运动的陀螺及运动形式类似的游乐设施)。近几年，为了满足人们在娱乐中寻求冒险、刺激的需要，游乐设施逐渐向高空、高速、高刺激性的方向发展。

随着游乐设施提升高度、运转速度、摆动角度的不断增大，游客身体和游乐设施承受的冲击载荷也不断增加，发生事故的可能性也随之增加。游乐设施的安全问题越来越引起全社会的重视。根据有关资料，我国每年都发生多起游乐设施安全事故，各公园、游乐园的游乐设施安全管理状况并不令人乐观。

1. 游乐设施事故的预防

(1)安装达标

新装游乐设施前,所选设备的制造厂商应有生产许可证,所选安装单位应有安装资质。从设计、制造、安装等主要环节上保证游乐设施的质量和安全达到标准的要求,杜绝"先天不足"。

(2)健全管理制度

游乐设施运营使用单位应根据本单位的实际情况设置安全管理或者配备安全管理人员,制定相关的规章制度,包括技术档案管理、安全操作、常规检查、维修保养、定期报检和应急措施在内的游乐设施安全使用和运营管理制度,并严格执行以岗位责任制为核心,包括操作、管理、维修人员上岗前应进行专业培训,经考核合格后持证上岗。还应组织经常性的安全技术学习,不断提高管理及操作人员的素质。定期进行救援演习,使救援人员熟悉救援程序、方法和救援设备。管理和操作人员应严格按照规程进行管理和操作,做好运行记录。积极配合质量技术监督检验机构做好对本单位游乐设施的年度检验工作。

(3)确定场地安全

游乐设施运营使用单位应在游乐设施及其附近区域的醒目位置张贴游客须知、指示和警示标示等;保持周围场地通畅、开阔且有足够的照明;安全隔离栅栏应牢固可靠,高度及间隙应满足技术标准要求。

(4)定期进行安全检查及维修保养

游乐设施的运营使用单位的管理及维修保养人员应对游乐设施的关键部位进行定期的检查和保养,对存在隐患的设备应及时维修,切忌让设备"带病运行"。

2. 陆上娱乐设施事故的应对与处理

参加应急抢救救援的工作人员,应当按照应急预案的规定,携带装备齐全的各种安全防护用品和安全设备、设施,服从应急救援指挥部的指挥、调动,按照要求进入和撤离现场。按照预案规定,正确使用救援装备和急救物品,熟练地开展应急救援、自救和互救。

一般普通游艺机事故的应急处理如下:

(1)游艺机运营时发生或突然发生六级以上大风,或者发生其他故障时,立即启动应急预案,采取措施,确保游客人身安全,迅速安全疏散游客。

(2)游艺机在运转中发生停电事故或因故障不能运营时,应立即采取救援措施。带班长要安排专人安抚游客,并通知值班经理、维修人员、医生、车辆奔赴现场组织救援,维护好游客的秩序,使用手动操作机械及其他安全措施使游客立即安全着陆,迅速离开游艺机。

(3)游艺机入口明显处设置游客乘坐须知文字说明,明确规定限制不宜乘坐的游客乘坐游艺机。游客乘坐游艺机时,发生恐慌或发现有危险的行为,要立即劝止、停机。

微型资料6-4

游客的自我保护要点

除游乐设施运营使用单位加强安全管理外,游客自身也应增强自我保护意识,最大限度地减少伤亡事故的发生。

1. 乘坐游乐设施前应首先观察在醒目位置上有无监督检验部门颁发的检验合格证。无检验合格证的或超过有效期的最好要乘坐和游玩。另外,注意观察游乐设施有无必要的指示和警示标志,防护装置是否残缺不全,管理和操作人员撤离职守等现象是否存在。如有,说明该运营使用单位内部管理混乱,设备极有可能存在严重隐患,随时可能发生事故。

2. 乘坐游乐设施时,如发现游乐设施有异常声响、气味、抖动、晃动等情况应及时离开设备并告知设备管理人员。游玩中,一旦发生了事故或故障被困在空中或座舱中,不要惊慌,也不要试图采取从空中跳下等危险动作。一般来说,游乐设备都有安全保护装置,运营单位也有一些应急救援措施。游客可耐心等待运营单位的救援。

3. 游玩时应认真阅读游客须知,遵守相关规定,注意观察指示和警示标志,听从管理人员的指挥。游玩中应系好安全带,扣好锁紧装置,观察安全压杠是否压好。不要随意翻越栏杆或穿越警戒线,特别要注意管好自己的小孩。

三、预防与处置景区交通事故

景区内的交通事故主要指景区内的车辆、船只、飞行器、缆车、索道等交通工具所引发的事故。景区内的交通事故绝大多数是违反交通规则和操作规程所引起的。景区内主要有司机抢道、非技术或技术性的碰撞、超载、酒后驾驶,以及游客忘乎所以、不听劝阻,做出比较危险的事等因素,造成交通事故。

(一)汽车交通事故

1. 景区交通事故的防范

(1)停车场交通事故的防范

景区一般设有停车场,大部分的景区不允许游客在景区驾车游览,公交车不在景区内设站。停车场的服务应符合景区统一的要求,安排交通协管员或服务人员进行管理。管理员要礼貌待客、文明服务,具备一定的交通指挥技能和知识,有安全意识,维护保管好游客的车辆。

(2)游览中的交通事故防范

游览过程是最易发生交通事故的环节。景区人员要注意危险地段、公共场所、交通要道的交通秩序,旅游旺季要加强监视和疏导工作,避免交通事故的发生。

(3)加强员工安全教育

对新员工进行岗前培训,严厉查处违章驾驶,对工作前饮酒、对游客不礼貌的员工,进行警示、教育。

(4)加强对游客的宣传教育

危险地段设专人看护,对游客进行交通安全宣传,不能迁就游客。婉言劝告后,游客仍固执己见的,景区人员可以强行干预,阻止他们的危险行为,但在劝阻过程中应文明礼貌。

2. 景区交通事故的急救与处理

(1)现场处理

赶到事故发生现场的景区员工,首先要救助伤员,想尽办法把困在车中、船内的人员迅速救出,同时疏散现场,避免交通事故引起的大火、爆炸再次引起人员伤亡。

(2)伤员的现场救护

将受伤者送医院治疗前,一般需要对伤员进行现场临时救护。如清除伤员口鼻中的泥沙、异物、分泌物、呕吐物等,以保持呼吸道畅通。观察受伤部位,推测受伤程度,进行简单适当的处理。如果骨折,要利用现场可以利用的物品进行简单固定等。在运送伤员时,尽量让伤员保持平卧姿势。伤员应头朝车尾、脚向车头,以免车辆行进时受加速度影响而造成脑血流灌注。转运中严密注意伤员的呼吸、脉搏、意识变化,同时要注意保暖。

(3)保护现场

事故发生后进行现场保护,以便于事后事故的鉴定和责任划分,并及时通知相关单位和部门。

(4)善后处理

事故发生后要做好游客的安抚工作,善后问题如果处理不好,会留下许多后患。妥善地解决问题,不仅能使各方满意,还能弥补事故给景区造成的不良影响,增加游客对景区的信任度。对已经发生的事故,采取遮瞒、拖延是最愚蠢的方法。迅速将事故原因查清,并向游客和有关部门说明情况,消除不良影响。

(二)索道运行事故

索道又称为吊车、缆车,是交通工具的一种,通常在崎岖的山坡上运载乘客或货物上下山。在我国,山岳型旅游风景区索道已不再仅仅充当交通工具,而是与景区融为一体,体现景区人文特征,反映景区文化形象,成为游览观光的一个亮点。但是索道如果管理不善,也极易引发重大交通事故。1990年10月,贵州马岭河峡谷景区缆车由于严重超载,不足10 m^2 的缆车箱内挤进了35名乘客外加1名司机,导致缆车钢绳断裂,车厢从150 m高空先下滑50 m然后摔落在地,造成重大人员伤亡。为避免这样的惨剧重复发生,景区需要加强索道、缆车等交通事故的防范。

1. 索道事故的预防

景区首先要根据《客运索道安全服务质量》(GB/T 24728-2009)和国家质检总局特种设备事故调查处理中心制定的《客运架空索道事故水平应急救援预案指南》(YZ0904-2009)中的有关内容定期对客运索道设施进行日常性维修保养和定期自行检查,设备如出现故障或者发生异常情况,应当对其进行全面检查,消除事故隐患后方可重新投入使用。具体预防措施如下:

(1)建立完善的安全管理制度

这些制度主要包括:技术档案管理制度,使用登记、设备检查、交接班制度,设备定期检测、报检及维护检修制度,安全教育培训制度,隐患整改和事故调查处理及分析制度,救援装备和物品管理制度等。

(2)建立完善的岗位安全责任制度

所有管理人员、作业人员应满足《客运架空索道安全规范》(GB12352-2007)、《客运地面缆车技术规范》(GB/T 19402-2003)的相关要求,经过专业培训考核,取得国家授权管理部门颁发的有效从业资格证书,持证上岗。

(3)建立通信管理机制

景区应当建立完善的索道响应通信联络库、完备的广播稿库等。

(4)建立对乘客的教育机制

景区应建立对乘客的教育机制,可采用多种形式,如乘客须知、标志线和警示提醒语、应急电话等。

(4)设立专门机构并配备专人负责索道安全工作

本着"安全第一,预防为主"的原则,设立专门机构,配置专职人员,构建设备安全管理组织机构,编制规章制度、岗位职责、操作规程,完善预警和预防机制,并负责检查、监督、落实。使索道设备经常处于良好的状态,保证索道安全可靠运行。

2. 索道事故的救援与处理

工作人员要在事发现场第一时间进行救援,同时要立即向索道值班负责人和应急救援指挥部报告。值班负责人接到报告后,必须立即赶赴现场进行进一步应急处置,防止事故扩大。同时还要对事故做出评估,确定应急救援方案。

(1)故障处理

索道运营设备和应急设备发生故障时,值班领导应快速做出准确判断,依照GB12352-2007的相关规定,正确及时地处理突发处理。

停电或主机故障,索道线路正常,应在15分钟内启动辅助驱动装置或紧急驱动装置运送滞留线路上的乘客。辅助驱动和紧急驱动装置发生故障时,应启动应急救援预案,并在3.5小时内将索道线路上的乘客救援至安全区域。

(2)救援广播

在救援服务时,应通过广播系统安抚滞留在线路上的乘客,简要介绍救援方案。广播词应使用汉语和英语两种语言,广播内容应准确、清晰。救援人员在实施救援前应向乘客简要说明救援步骤和救援安全要领,抚慰受惊吓的游客,防止救援过程中发生游客伤害事故。

(3)善后及事故处理

客运索道事故报告与事故处理应遵守国家管理部门的相关规定。对于风景旅游区的旅游索道事故,事故责任单位应协助景区管理部门按旅游安全事故管理规定,报告相关管理部门。负责组织受伤游客的现场救治、心理抚慰或送往医院治疗,并协助保险公司按相关规定处理伤亡游客的救治、理赔等善后事宜。设立专人负责对外发布信息和各类宣传解释工作。

四、预防与处置景区火灾事故

景区中的火灾事故主要有森林火灾和室内场馆、公共场所的火灾。

(一)森林火灾

旅游景区,特别是自然保护区、森林公园等以自然生态景观为主的景区,通常有较大面积的森林植被。"一点星星火,可毁万顷林。"森林火灾会给自然生态环境、当地居民和游客的生命、财产安全造成重大损失。森林火灾后,土壤呈酸性,生物生态因子发生紊乱,环境变差,尤其是25°以上的坡度的林区受火灾后,岩石裸露,森林很难恢复。在这种情况下,森林景区的消防安全就变得尤为重要。

1. 森林火灾发生原因及预防

森林景区常见火源主要有以下几种:

(1)区域性火源

区域性火源是指火源比较多的区域,如公墓、祖基地、索道沿线等。这类火源比较集中,可采取巡逻与设岗相结合的方法,做到严防死守。

(2)时令性火源

时令性火源是指特定时间、特定季节出现的火源,如清明节群众上坟祭祖,寒暑假学生野游及野炊活动等。这类火源随意性强,必须有针对性地进行防范,可采取加强上山人员火种收缴、指定范围、跟踪巡查等措施。

(3)常年性火源

常年性火源是指常年在旅游区内用火的火源,如机动车辆、寺庙生活用火、电线光缆等。这类火源较容易控制,只要采取定期检查即可。

(4)流动性火源

流动性火源是指不断变换位置、漫山遍野活动的火源,如采集标本、动植物考察、野营等用火,游客乱丢烟头等。这类火源危险性较大,最容易酿成火灾,因此,必须认真做好进山登记,严格用火审批,杜绝携带火种上山,在景区各自设置禁止明火的告示牌。

2. 森林火灾事故的处理与救护

(1)火灾事故处理

①组织灭火。发生火灾的单位或发现火情的人员应立即向火警中心(119)报警,准确报告起火方位、火场面积以及燃烧的植被种类。景区广播应播放通知,告知火势情况,稳定游客情绪,指挥游客撤离现场。

景区领导和消防人员等应立即赶赴火灾现场指挥现场灭火,迅速查明起火的准确部位和发生火灾的主要原因,采取有效的灭火措施,并积极组织医务人员抢救伤病员和老、弱、病、幼游客。

②沉着应对。遇到森林火灾,要制造隔离带,根据火势进行反向操作。发生火灾时,若自己处在森林火场中,要保持头脑清醒,并迅速向安全地带转移,向火已经烧过或杂草稀疏、地势平坦的地段转移。穿越火线时要用衣服蒙住头部,快速逆风冲越火线。总之,要沉着冷静,开动脑筋,设法逃生、自救和求救。

③保护现场。注意发现和保护起火点。清理残火时,不要轻易拆除和移动物体,尽可能保持燃烧时的状态。火灾扑灭后,应立即划出警戒区域,设置警卫,禁止无关人员进入,在公安部门同意后进行现场勘查和清理火灾现场。勘查人员进入现场时,不要随便走动。进入重点勘查区域的人员应有所限制。

④调查原因。对于火灾发生原因的调查,一般采用三种方法:一是调查访问法,主要调查对象与火灾相关的人员;二是现场勘查法,对着火区域进行初步勘查,对物证、痕迹进行详细勘查和对证人进行详细询问等;三是技术鉴定法,借助科学技术手段和模拟试验等进行技

术鉴定。

(2)火灾现场救护

火灾主要是造成人体组织的损伤,即烧伤。轻度、小面积的烧伤对人体影响不大,但大面积的严重烧伤,伴有难以忍受的剧痛,体液外溢,血液浓缩,会引发休克、感染,直至死亡。

①重度烧伤。一般要送往条件较好的医院治疗,大面积烧伤可用镇痛药,还要注意保暖。

②轻度烧伤。在火场可进行如下处理:立即小心地把伤者衣服、鞋袜脱掉,并用清洁水喷洒伤处,或将伤处浸入清洁的冷水中,也可用煮沸消过毒的湿冷纱布或毛巾敷患处,还可将食醋洒到烫伤的皮肤上。如果患处未起水泡,可用食醋涂洗患处或用鸡蛋清涂搽患处,防止再起水泡。尽量不要擦破水泡,如果水泡已经被擦破,可用消过毒的纱布敷盖,或适量涂抹凡士林。为了安全起见,应尽快将患者送往医院治疗。

(二)室内与公共场所火灾

室内与公共场所火灾的特点是:起火因素多且蔓延快,公共部位有众多的装修陈设,居住体中有大量的家具衣物,多属可燃之物,加之人员多且复杂,极易形成着火源。在公共场合中,游客既多又不熟悉安全出口位置,发生火灾时人群相互阻塞,疏散扑救有一定的难度,危害大。

1. 室内场馆火险隐患的分析

(1)日常生活用火不慎

日常生活用火不慎易引发火灾,如因炊具使用不当而造成景区饭店等场所发生火灾。

(2)电器设备使用不当

电线临时乱拉、乱接的现象经常出现,无疑增加了电器设备用电量,使场馆用电超负荷,长此以往引起变压器起火。另外,电线老化、电器短路等事故,也极易引发火灾。

(3)乱扔烟火

由于有些古建筑历经千百年风干,耐火等级较低,游客没有这方面的安全意识,吸烟后将烟蒂乱丢,极易造成火灾。

(4)消防设施不全

有的场馆由于经费不足、年久失修、房屋陈旧、没有避雷设施、消防设施不全,而容易发生火灾。

2. 室内场馆火险防范与对策

(1)建立健全一整套科学合理、便于操作的消防安全管理措施;明确消防重点,制定防火制度和灭火方案;签订消防安全责任书,落实场馆消防安全责任制。

(2)加强消防安全教育,通过讲座、报告、消防演习等提高员工的消防安全意识,认识到火灾的危险性;落实有效的防范措施,使员工掌握必要的火场逃生、救生技能。

(3)增加消防设施经费投入,配备必需的消防设施,不断提高消防队员的技能和本能素质,坚持定期训练和演习,让每个员工都学会使用灭火器,掌握扑救初期火灾要领,提高本单位自防自救消防队伍的战斗力。

(4)安装先进的灭火系统。档案馆、博物馆大多为大型综合性建筑,且大楼内很多区域所存放的物品价值昂贵,大量的国粹、国宝均存放在此,是非常重要的国家财产,如采用水喷淋灭火系统会对保护对象造成不小的损失,如丝织品、精品字画、文房四宝、竹木漆器等一旦用水喷淋则会浸水损坏,造成的损失是不可挽回的,因此有必要采用气体灭火系统。

3. 室内场馆灭火

火灾发生时,景区工作人员首先要报警,然后扑救初期火灾。若遇电器着火,应先切断电源。油类或其他液体燃烧,不宜用水浇灭,用灭火器扑灭最为有效。另外,灭火时注意关闭通风口。把邻近的房间门关上,尽可能把附近的一切发热物品,尤其是将易燃物品迅速拿开,以免燃烧。如已采取各种措施,火仍未扑灭,要紧闭室内门窗,不使烟火外溢。

> **微型资料 6-5**
>
> 室内火灾发生时如何逃生?
>
> 1. 克服恐惧心理与异常行为。恐惧心理是火灾中更大的杀手,发生火灾时许多人都会慌成一团。恐惧导致束手无策,导致做出许多错误行动,如盲目跳楼等,造成不必要的伤亡。此时要沉着冷静,设法逃生。
>
> 2. 向熟悉的出口逃生。在火灾中尽快镇静,利用自己熟悉的环境尽快找到出路,为游客树立榜样,并带领游客逃走。
>
> 3. 不要盲目跟着他人逃生。在遇到火灾等危险情况时,人们因对群体行动怀有信任感而随大流,盲目跟随人流奔跑,结果因挤踏而造成伤亡。
>
> 4. 不要随便跳楼。一般三层以上的楼房就不宜从楼上跳下,以免造成伤亡。

五、预防与处置景区野生动物伤人

景区的动物可以归为三大类:猛兽类、爬行类和昆虫类,这些动物都有可能对游客造成伤害。

(一)动物伤人事故的预防

1. 景区应当根据各项规程、条例和制度来进行管理,完善各项安全设施,加强动物的安全管理,确保游客、管理人员和动物的安全。景区还应当加强对游客的管理,严禁游客在动物展区内惊扰动物和大声喧哗,闭园后禁止在动物展区干扰动物的各种活动。

2. 要建立和加强护栏和围网的建设。目前,国内野生动物园有不少采用双层围网,多数采用单层围网和电网,也有采用平地围网和壕沟围网等形式。不管哪种形式,都要严格执行检查和维修的规定,避免发生重大事故。

3. 野生动物园应配备安全巡逻车,车上必须配备麻醉枪、对讲机等器材,巡逻车负责处理游客和动物的安全事宜。

4. 在观赏动物或让动物为游客表演节目时,即使有专业的驯兽人员在场,为了自身的安全,也要和动物保持距离。在没有安全防范的措施下,人与猛兽不能直接接触。做好安全防护,保证游客处于一种安全的境地。

总之,景区管理者从思想当中要认清这些野生动物是会伤人的,要教育游客不去靠近它们,不去招惹它们,不去随意地投食物,以此保护游客的人身安全。

（二）动物伤人事故的应对措施

景区要加强对动物的管理,但在面积较大的自然风景区,游客很可能会遇到突然出现的有伤害性的动物。因此,景区要教会游客一些自救措施,并将这些自救措施张贴在有野生动物出没的场所。

1. 突遇猛兽的应对办法

（1）与猛兽处于警戒距离之外时,千万不能慌张,要慢慢后退,切不可把身体的薄弱部位,如背部,暴露给猛兽。

（2）如果站在面前的猛兽一动不动盯着你看,说明你已处于警戒距离。此时正确的做法是一动不动地站立,不能弯腰低头,更不能逃走,只需与它静静地对峙。

（3）假如与猛兽迎面相遇,此时你能做的是双臂抱头、护住喉管,尽量减少猛兽对你身体的伤害,并大声呼救。

2. 爬行类动物的应对措施

景区对人有伤害性的爬行动物主要是蛇。

打草惊蛇是常用的办法。一些潮湿的草丛、林间及灌木丛是蛇出没的地方,大雨前后是蛇出没的时间。不论是否有蛇,都应拿一根棍子,边走边打草,使蛇惊吓而逃。在营地扎营时,如果有防蛇的必要,应当带一些雄黄粉之类的驱蛇之物,将其撒在帐篷或者营地四周。如果蛇已被惊动并且立起前身准备攻击时,不要惊慌,要原地不动,慢慢地拿出手巾之类的东西,抛向别处以将蛇的注意点引开。随后,要么用带叉的长棍灭之,要么避开。

> **微型资料 6-6**
> 毒蛇咬伤的局部紧急处理
> 1. 结扎。切忌惊慌奔跑,应立即停止活动,就地取材在伤口上方（近心端）的相应部位进行结扎。20 至 30 分钟松解一次,约 2 至 3 分钟。一般在注射抗蛇毒素或腹胀蛇药后,结扎可解除。
> 2. 切开冲洗。先用肥皂水冲洗,消毒后将毒牙清除,然后切开,亦可用吸乳器或拔火罐进行负压吸引。也可用嘴吸（口腔破溃不能用些法）。敷药包扎后伤肢置于低位。
> 3. 及时送往医院。

3. 昆虫类动物伤害救治

（1）野蜂

野蜂的毒性很大,如果被多只野蜂蜇伤了,甚至会有生命危险。所以,一般在旅游途中看见野蜂时轻易不要去惹它。野蜂不会主动攻击人类,只是在受到惊吓时它才会蜇人。

野蜂蜇伤的主要症状:一般只表现局部的红肿和疼痛,数小时后即自行消退,无全身症状。如果蜂刺留在伤口内（在红肿的中心可见一个黑色小点）有时局部可引起化脓。如果被蜂群蜇伤,可出现全身症状,如头晕、恶心、呕吐,严重的可出现休克、昏迷或迅速死亡。有的可发生血红蛋白尿,乃至急性肾衰。过敏患者,即使是单一蜂蜇伤也可发生荨麻疹、肿胀、哮喘或过敏性休克。

处理方法:蜜蜂蜇伤可用弱碱性溶液外敷,以中和酸性毒素。黄蜂蜇伤则用弱酸性溶液中和。如果蜂刺留在伤口内,用小针挑拨或胶布粘贴,取出蜂刺,切记不要挤压。局部症状较重者,可采用火罐拔毒和局部封闭疗法,并给止痛剂或用抗组胺药止痒;也可采用中草药外敷。对有全身症状者,必须立即就医进行对症治疗。

(2)蜈蚣

蜈蚣性畏日光,昼伏夜出,喜欢栖息于腐木石隙下和荒芜阴湿的茅草地上。

蜈蚣蜇伤的主要症状:局部表现有急性炎症和痛、痒,严重者可发生坏死、淋巴结炎和淋巴管炎,有的有头痛、发热、眩晕、恶心、呕吐、谵语、抽搐、昏迷等全身症状。

处理方法:立即用弱碱性溶液洗涤伤口和冷敷,或用等量雄黄、枯矾研磨,以浓茶或烧酒调匀敷伤口。疼痛较重者给予止痛或伤口周围封闭,亦可用蛇药片内服或外敷,必要时清创。局部坏死、感染者,急性淋巴管炎者,应加用抗菌药物。

(3)蝎子

蝎子昼伏夜出,多在石下,阴雨时常进入室内。

蝎子蜇伤的主要症状:有红肿、灼痛、麻木、出血,有螯的伤痕;麻痹呼吸中枢,使血管先兴奋后麻痹,继而引起肠子、膀胱、骨骼肌兴奋;还可以引起头痛、流涎、流泪、嗜睡、畏光、恶心、呕吐、肌强直、大汗体温下降、脉细、呼吸急促,甚者要引起胰腺炎、蛋白尿、血尿。

处理方法:立即拔出毒刺,在蜇伤上方(近心端)2~3 cm处,用布条或绳子将其肢体扎紧,用手自伤口周围向伤口处用力挤压,使含有毒素的血液由伤口挤出,或用吸乳器、拔火罐等吸取毒液。若救治者口腔黏膜无破损,也可用口吸出毒液。必要时可划开伤口,抽取毒液。捆扎肢体的布带每15 min要放松1~2 min,伤口周围可用冰敷或冷水湿敷,以减少毒素的吸收和扩散。中毒严重者及幼儿应立即送医院救治。

(4)蚂蟥

蚂蟥分旱地蚂蟥和水蚂蟥等多种。旱地蚂蟥一般生长在潮湿、低海拔(3 000 m以下)的地方,多活动在道路边的草丛中。人经过时会惊动它们,第一个人往往无事,后面的人一不注意就会被其吸盘粘住,并很快爬到皮肤上。

处理方法:遭到蚂蟥叮咬时,不要使劲往外拉,以免拉断而将蚂蟥的吸盘留在伤口内,造成发炎、溃烂。对蚂蟥的正确处理方法,其一是防范,即将裤脚扎紧,洒上点风油精或清凉油等刺激性药物;其二是用手掌在旁边拍击,蚂蟥受到惊吓会自动掉下来,也可用风油精、食盐洒在蚂蟥身上,或用烟头烫。

(5)毛毛虫

人的皮肤受到毛毛虫身上毒毛的侵害,会感到辣、痒、痛,并伴有红肿症状。

处理方法:小心地将毛毛虫从身上清除,再用胶布粘在皮肤上,揭下时可以将毒毛去除。还可以采些马齿苋、蒲公英、野菊花等清热解毒的草药,捣烂后涂擦或外敷。由于毛毛虫的毒液是酸性的,所以只要涂点苏打水或者肥皂水在疼痛处就可缓解。当然,如果过敏了,就要去医院。

一般情况下,被蚊子、跳蚤、臭虫等叮咬,被野蜂、毛毛虫等蜇伤,被蜈蚣、蚂蟥等咬伤,涂上风油精、清凉油,或口水、肥皂,即能起到消炎、止痒的作用。

六、预防与处置景区治安事件

旅游景区的治安问题同其他社会问题一样,具有客观性、普遍性、社会性、连锁性的特点,不仅损害景区居民的利益,而且损害游客的利益,进而妨碍景区的发展。同时景区治安问题产生的原因是多方面的,其中既有社会的原因,也有发展旅游业本身的原因。尤其是中国尚处于社会转型时期,社会矛盾增多、思想政治工作薄弱、社会管理工作跟不上、社会控制机制不健全,而旅游业的发展更加速了这些问题的显现。因此,旅游景区必须加强治安管理。

(一)景区治安事件的防范措施

景区的治安工作,除日常的治安维护、巡视外,重点要预防盗窃、杀人、投毒、爆炸案件的发生。景区治安管理措施有以下几方面:

1. 普及法制教育,提高安全防范意识。
2. 健全和完善各种治安管理制度。
3. 建立和健全治安执法机构和治安管理队伍。
4. 配备和更新必要的安全防范设施,能充分发挥治安管理机构的作用,达到标本兼治的目的。
5. 表彰奖励见义勇为者,倡导良好的社会风气。

(二)常见景区治安案件的处置

景区治安案件主要有两类,一类是情节轻微,尚不够刑事处罚的治安案件;另一类则是较严重的危害到他人生命财产安全的刑事案件。通常对治安案件的处理步骤有:保护游客的人身、财产安全;立即报警;保护现场;及时向领导报告;配合调查,稳定游客的情绪,协助公安部门早日破案。

1. 盗窃

景区发生重大盗窃事件,保卫部门应迅速了解情况,保护现场。向警方报案,划定勘查范围,确定勘查顺序。分析判断案情,确定嫌疑人。

2. 纵火案件

应当立即划出警戒区,设置纠察,禁止无关人员进入火场。

3. 伤人、杀人案件

首先应指定专人按照规定的路线进入现场,查明受害人是否已经死亡。如人还活着,应立即设法抢救;如受伤者尚能说话,应扼要问明姓名、年龄、住址,被害或自杀的原因等;如人已经死亡,不要移动尸体。不要破坏现场的脚印和其他痕迹。

4. 服毒、投毒案件

如受害人未死,应立即送往医院抢救。对其呕吐物、排泄物,必须妥善保护,不要清除;对现场的剩余食物和所有的容器,如碗、壶、瓶、罐、便盆等,不要移动和洗刷。此外,现场的任何遗留物均应注意保护好,不可踩踏和清扫。

5. 爆炸案件

得知发生爆炸案件后,要及时赶到现场,组织群众奋力抢救,维护现场秩序,做好保护工作,主要查明爆炸物和爆炸点。查明火、烟是什么颜色,有什么气味等,为正确分析判断案情提供证据。

6. 恐怖威胁

接到威胁电话不可掉以轻心,应报告当地公安部门。如是炸弹威胁,应由当地公安和消防部门组成应急处理中心进行全权处理。景区应无条件地服从指挥,协助公安、保卫、消防部门工作,彻底消除隐患。

项目小结

旅游景区安全事故表现形态复杂多样,旅游景区安全事故的原因主要有景区管理者因素、旅游者因素和社会因素等。对于旅游景区来说,要特别重视做好一些专项安全管理,比如旅游景区安全标志设施设备管理,同时旅游景区要具备安全事故应急处理能力。本章介绍了旅游景区的安全问题,景区安全事故的表现形态,并分析了旅游景区安全事故的原因;重点介绍了不同类型安全事故的防治和各类事故的处理方法。

项目实训

1. 以班级为单位组织一次地震逃生演习。
2. 模拟进行消防演习,熟悉逃生线路,学会使用灭火器材。
3. 模拟进行溺水人员救治。
4. 模拟对毒蛇咬伤、蝎子蜇伤人员实施救治。

项目 7
旅游景区质量管理

> **学习目标**
> 熟悉旅游景区质量管理的概论及内容；
> 理解旅游景区质量管理的必要性；
> 动态掌握旅游景区质量管理的方法；
> 对比了解国际社会及中国旅游景区质量等级认证制度。

任务一 旅游景区质量管理概述

旅游景区质量是关系旅游景区生存和发展的战略问题,提高景区质量是满足旅游需求、开拓旅游市场、增强景区竞争力的重要途径。旅游景区质量管理是旅游景区管理的重要内容之一,是实现旅游景区全面、健康、持续发展的保证。

一、旅游景区质量管理的概念

1. 旅游景区质量的定义

根据国际标准化组织(ISO)在国际标准 ISO 8402-94 中对质量的定义,可认为旅游景区质量是反映旅游景区满足游客明确和隐含需要的能力总和。这里,游客的明显需要是指游客对景点的显在期望,而隐含需要是指那些人们公认的、不言而喻又不必明确表达的需要,也指那些必须加以分析、研究、识别才能够确定的游客潜在需要。根据 2000 年版的质量定义,我们则可将旅游景区质量理解为:旅游景区质量是旅游景区满足游客和社会需求的程度。

2. 旅游景区质量管理的含义

从质量管理的发展历史来看,质量管理经历了质量控制、质量担保、全面质量控制与全面质量管理四个阶段。目前人们使用质量管理这一概念时,主要指全面质量管理。

所谓全面质量管理(total quality management)通常被称作 TQM 系统,其目的是持续不断地提高产品或服务的质量,以满足企业的目标和顾客的需要。全面质量管理的要点包括:强烈地关注顾客、坚持不懈地改进、改进组织中每一项工作的质量、精确的质量、向雇员授权。通过对全面质量管理要点的分析,可以看出,质量的外部制约性首先来自顾客。只有强烈地关注顾客,关注顾客对产品和服务的需求,同时用一种永不满足的态度,不断地改进质量,提升质量标准,并且把质量贯彻到生产和供应的每一个环节,对质量的每一个关键变量进行追踪,才能把产品和服务的质量全面地向前推进。

综上所述,旅游景区质量管理就是以提高旅游景区质量为宗旨,景区全体员工和各个部门群策群力,综合运用现代管理手段和方法,通过建立完善的质量标准和体系,提供全过程的优质服务,来全面满足旅游者需求的管理活动。

二、旅游景区质量管理的必要性

1. 保障旅游者合法权益的需要

旅游者的合法权益,是指旅游者在从事旅游活动过程中享有或实现的由国家法律法规所保障的一种权利和利益与我国旅游业迅速发展的良好趋势相比,我国旅游者合法权益保护的现状不甚理想。进行旅游景区质量管理首先可以保障旅游者的合法权益,做到物有所值、质价相符。景区是通过有形产品和无形产品两个方面向游客提供服务的,因此景区质量管理既要提供优质的设施设备和实物用品,也要提高景区人员的服务态度和服务技巧,两手都要抓两手都要硬,以此来确保旅游者的合法权益。

2. 提高自身市场竞争力的需要

旅游景区质量是景区综合竞争力的重要标志,是展现景区历史文化内涵、宣传景区文化、增强景区吸引力最有效的方式。当今的游客对于景区的服务及产品质量的要求越来越高,一旦发现质量问题便容易转向其他景区。有资料显示,在旅游者选择旅游产品时发生转向行为的有65%是因为景区服务质量问题。景区唯有不断提高质量,才能在竞争中立于不败之地。

3. 创造优良市场竞争环境的需要

据统计,在旅游业飞速发展的当今,世界上有近80%的国家将旅游业定位为本国龙头产业。正是这种广泛的旅游开发参与度使得旅游者对旅游产品有了更多的选择,旅游景区之间的竞争也就更加激烈。在缺乏监管的情况下,竞争激烈的市场有可能出现恶性竞争。恶性竞争的结果便是景区为了在激烈的竞争中打败竞争对手并博取短期利益,会以牺牲旅游资源与游客的长远利益为代价,从而造成旅游市场秩序的混乱。旅游景区质量管理是保障旅游市场的良性竞争、完善市场经济体系、规范市场行为的有效途径。

4. 促进环境保护的需要

在旅游开发的热潮中,一些景区会以牺牲旅游环境为代价来换取短期旅游的大发展。事实证明,这种开发模式不仅会造成资源的破坏,也会因景区旅游质量不高,很难获得长期效益。旅游景区的质量管理可以在一定程度上规范景区的开发行为,从而保护环境,促进旅游景区的良性发展。

5. 提升国际影响力的需要

自改革开放以来,我国入境游客连年增加,提升景区国际影响力势在必行。景区国际市场竞争能力的高低取决于多种因素,包括旅游资源的吸引能力、景区的接待能力、景区旅游服务配套设施的完善程度及景区管理水平、服务质量、市场声誉、景区的形象等。旅游景区质量管理有助于景区改善服务与管理水平,提升景区的国际竞争力。

三、旅游景区质量管理的内容与方法

(一)旅游景区质量管理的内容

在以质量保证、景区升级为中心的管理体系中,旅游景区的质量管理过程是永无止境的。旅游景区每个部门、每个员工若都能重视并自觉地维护景区的质量,景区的竞争力自然会越来越强,市场吸引力也会越来越大。景区产品是有形与无形的结合,旅游景区质量管理就是对景区有形产品与无形产品质量的管理。

1. 对有形产品的质量管理

旅游景区的有形产品在市场中主要表现为产品实体和劳务的外观,即游客能用肉眼看到、用身体触摸到的景区产品部分。有形产品的质量管理主要表现为:

(1)对景区的设施设备的管理。景区的设施设备是提供旅游服务的物质基础,是景区有形服务的主要表现形式,主要包括景区的基础设施、接待设施、娱乐游憩设施、游客引导设施等。游客在游览观光之余,最为关心的便是在景区能否享受到良好的食、住、旅、行、购、娱服务。景区要满足游客的需求,自然离不开完善良好的设施设备。设施设备的完好程度、舒适程度、美观程度直接影响景区质量的高低,必须对其进行有效的管理。

(2)对景区环境的管理。景区环境主要包括景区的自然环境与人文环境,具体表现为景区的环境布局、服务设施、场所的装饰布置及景区的环境卫生等。良好的环境质量能给旅游者提供舒适的感受,景区环境管理是景区质量管理的重要内容。

2. 对无形产品的质量管理

旅游景区的无形产品在市场中主要表现为景区员工本身,景区员工的服务技能、服务态度、服务效率等劳务产品。因此,无形产品质量就是以直接劳动形式所创造的使用价值的质量,无形产品质量高低主要表现为客人得到某种物质或心理满足的一种感受、印象及心情的好坏。在有形产品质量固定的情况下,无形产品质量的高低直接关系到整个景区旅游服务水平的高低。

(1)景区员工本身。景区员工是旅游者在景区旅游过程中直接接触到的服务人员,景区员工的语言、行为、仪表仪态和形象,直接关系着旅游者的旅游体验。高素质、高水准的景区员工本身就是景区一道亮丽的风景线。

(2)员工服务技能。服务技能主要是指景区员工的服务知识和操作技巧,是景区服务人员在不同场合、不同时间、对不同顾客提供服务时,能根据具体情况灵活恰当地运用其操作方法和作业技能取得最佳的服务效果而显现出的技巧与能力。服务人员的技能高低直接关系到景区的服务质量,而服务技能的高低取决于服务人员的专业知识和操作技巧。因此,景区有必要定期对员工进行培训。

(3)员工服务态度。服务态度主要是指景区服务人员在对客服务过程中表现出来的主观意向、心理状态以及行为倾向,服务态度主要由员工的主动性、创造性、积极性、责任感和素质高低来决定。与服务技能相比,当今的游客更看重服务人员的服务态度,特别是当旅游纠纷出现的时候,态度的好坏直接关系到问题的解决,影响到景区的声誉,服务态度是决定景区无形产品质量高低的关键所在。员工服务态度的培养应引起景区管理者的高度重视。

（4）员工服务效率。服务效率是指用最少的人力、物力、财力和时间提供最大限度的满意。服务效率的重要性往往在景区面临客源高峰期，如我国"五一"、"十一"黄金周时表现得最为明显。如果没有良好的景区管理体系，在面临大量客源时景区往往会手足无措，造成旅游秩序混乱。随着科学技术的发展，很多景区通过引进信息技术来提升服务效率及游客满意度，采用方便快捷的操作流程、安全高效的资金交易、及时准确的信息发布、灵活多样的优惠政策，深受广大游客和旅行社、酒店等旅游行业客户的信赖和欢迎。

（二）旅游景区质量管理的方法

制度规范，是指组织为有效实现目标，对组织的活动及其成员的行为进行规范、制约与协调，而制定的具有稳定性与强制力的规定、规程、方法与标准体系。没有规矩，不成方圆。制度规范可以约束并监督员工齐心协力完成企业的目标。要提升景区质量，景区的首要任务就是建立健全景区质量管理规章制度，做到责任清楚、有责必履、失责必究。

1. 景区有形产品质量管理

（1）景区设施设备管理。对景区设施设备管理的首要任务是建立设施设备管理制度，做到责任到人。首先要保证所有设备都能正常运转，对出现的故障要及时清除，保障游客的生命财产安全；其次要制订科学的设备保养计划和维修制度，从而减轻设备磨损、促进资产保值、降低企业成本；最后为保证景区对游客的吸引力，景区还应及时对设备更新改造，保证设备的先进性。

（2）景区环境质量管理。为给游客呈现优良的环境，首先，应做好景区规划，以保证自然环境和人文环境的和谐；其次，要根据环境空气质量标准、环境噪声标准、地表水环境质量标准、污水综合排放标准等国家标准的要求，设立专职人员定期对景区的大气、水体、噪声分贝值等环境质量进行监测，随时关注各项变化，对隐患进行排查，及时解决出现问题；最后，景区的防火、防盗、防震、防灾、防虫等工作也应作为每日重要的工作内容，建立制度，随时防范。

2. 无形产品质量管理

（1）建立健全员工培训管理制度。景区员工素质高低决定着景区服务质量的高低。目前我国景区员工普遍素质不高，员工培训不仅有助于提高景区质量，也有助于员工的自身发展，建立景区员工培训制度势在必行。员工培训是一个系统化、长期的过程，景区要通过多种举措来保证景区各岗位员工专业化的服务技能。

（2）建立健全员工绩效管理。人力资源管理是提升企业竞争力的重要手段，员工绩效管理则是人力资源管理的核心。通过绩效管理可以培养一种激励员工投身事业，与企业共同发展、共同提高并取得成功的氛围，管理人员也可以通过员工的绩效表现状况来了解管理的效果，并适时地改变管理风格或调整计划。旅游景区质量的提高仅凭几个优秀的管理层是无法达成的，需要景区员工的共同努力。因此建立系统化、科学化、制度化的员工绩效管理体系十分必要。

微型资料 7-1

关于质量的定义

质量是质量管理工作中最基本也是最重要的概念之一,国际标准化组织也先后三次对其下定义,因此有 1986、1994、2000 三个版本。1994 版的 ISO 9000 族标准已于 2003 年废除,那个时候对"质量"的定义是:质量(quality)反映实体满足明确和隐含需要的能力的特性总和。现在有效的版本是 2000 版,于 2001 年 6 月 1 日实施。2000 版 GB/T 19000-ISO 9000 族标准中质量的定义是:一组固有特性满足要求的程度。上述定义可以从以下几方面来理解。

(1)质量不仅是指产品质量,也可以是某项活动或过程的工作质量,还可以是质量管理体系运行的质量。质量是由一组固有特性组成的,这些固有特性是指满足顾客和其他相关方要求的特性,并由其满足要求的程度加以表征。

(2)特性是指区分的特征。特性可以是固有的或被赋予的,可以是定性的或定量的。质量特性是产品固有的特性,是通过产品及其生产过程(或体系设计和开发及其后之实现过程)形成的属性。

(3)满足要求就是应满足明示的(如合同、规范、标准、技术、文件、图纸中明确规定的)、通常隐含的(如组织的惯例、一般习惯)或必须履行的(如法律、法规、行业规则)需要和期望。

(4)顾客和其他相关方对产品、过程或体系的质量要求是动态的、发展的和相对的。1994 年没有另外发布标准,但是对前述"ISO 9000 系列标准"统一做了修改,分别改为 ISO 8402:1994、ISO 9000-1:1994、ISO 9001:1994、ISO 9002:1994、ISO 9003:1994、ISO 9004-1:1994,并把 TC176 制定的标准定义为"ISO 9000 族"。

任务二 旅游景区质量等级认证制度介绍

一、国际社会旅游景区质量认证制度

随着我国加入 WTO,我国景区的国际化程度也越来越高,这对景区管理提出了新的挑战。景区也在寻找对策,以跻身国际市场、提升国际知名度、增强国际竞争力。国际社会旅游景区质量等级认证制度则是提升景区形象、增强景区国际营销能力的有力法宝。国际上通行的质量标准主要是 ISO 系列标准和由世界旅行旅游理事会创立的"绿色环球 21"组织的标准(GreenGlobe21)。下面,将对 ISO 9000、ISO14000 及绿色环球 21 这三个代表性的国际质量认证制度进行简要介绍。

(一)ISO 9000 系列标准

1. 标准概述

ISO 9000 标准是质量认证体系认证时依据的国际标准。该标准由国际标准化组织

(ISO)于1987年首次发布,并于1994年进行修订,2000年对ISO 9000(1994版)标准再次进行修订,目前为2000版ISO 9000标准。尽管ISO 9000系列标准是针对生产型企业制定的质量标准,但这套标准具有普遍的适用性,目前已经被我国转化为推荐性的国家标准。景区作为提供旅游及相关服务的组织,也适用这个标准。深圳的锦绣中华和中国民俗文化村是全国最早通过ISO 9000国际质量体系认证的景区。

2. 标准内容

ISO 9000系列标准由四个核心标准、一个支持性标准、六个技术报告、三个小册子和一个技术规范构成。其中四个核心标准是ISO 9000、ISO 9001、ISO 9004、ISO 19011。ISO 9000阐明了质量管理的理论基础,ISO 9001是质量管理体系的基本要求,ISO 9004是质量管理体系更高要求的指南,ISO 19011则是对质量管理体系进行审核的指南。

(1)ISO 9000。2000质量管理体系——基础和术语。本标准表述了质量管理体系的基本原则,并规定了质量管理体系术语,提出了质量管理体系的基本原理。

(2)ISO 9001。2000质量管理体系——要求。本标准替代合并了1994版的三个质量保证标准:ISO 9001、ISO 9002、ISO 9003,规定了允许剪裁的范围和原则,允许用户在使用过程中根据需要进行必要的裁剪截取,以适应不同组织的需要。该标准规定了质量管理体系要求,用于组织证实其具有提供满足顾客要求和适用法规要求的产品的能力。

(3)ISO 9004。2000质量管理体系——业绩改进指南。本标准不是ISO 9001的实施指南,而是为了超越ISO 9001的最低要求,改善组织业绩的指南。

(4)ISO 19011。2000任务和环境指南。本标准为管理以及实施质量和环境审核提供了指南。

3. 认证程序

ISO 9000标准的具体认证程序如下。

(1)信息交换。通过信函、电话、传真、相互访问等各种形式进行接触,相互了解。

(2)报价。有意向的单位填写调查表,认证机构收到调查表后做出书面的报价。需要时可以访问现场,了解工作场所与环境。

(3)签订合同。申请单位接受报价后正式填写申请表,认证机构收到申请表后签订提供认证服务的合同,随后指定项目负责人(审核组长)并通知客户。

(4)文件审查。客户将正式发布的质量手册送交认证机构,由审核组长做文件审查,并将审查结果书面告知客户,如有不符再送交认证机构,直到符合标准要求。

(5)现场初访。了解客户管理基础状况,确定是否可以进行现场审核,商定现场审核计划。必要时可抽取一些要素作预审,以加深了解。如客户要求对所有要素作一次全面的预审,则不在本程序包含内容范围内,需另签预审服务合同。但此类预审只作评价不提建议。

(6)现场审核。认证机构派出审核组按计划进行现场审核,审核要求覆盖申请认证的全部范围及所要求标准的全部要素,用抽样方式进行。现场审核将对发现的不合格项开出不合格报告,并要求实施纠正。现场审核结束后将给予书面的审核报告,现场审核结束会议上将口头报告审核结果,告知是否推荐认证通过,然后将全面审核报告送受审方及认证机构项目主管。

(7)纠正措施。对审核中提出的不合格项,都必须实施纠正措施。对推荐通过的客户,可以不到现场跟踪纠正措施的实施,也可以在实施后到现场跟踪查核一次。对此不推荐通过的单位,要求整改完成后进行复查,根据问题涉及面的大小,复查可能针对几个要素,也可能针对全部要素。复查工作按实际工作另行收费。

(8)核准发证。认证机构项目主管负责审查由审核组长送交的审核报告,认证机构主任负责批准认证通过,认证机构项目管理部门负责颁发由审核组长及认证机构主任签署的认证证书,证书有效期为三年。

(9)证后监督。第一次证书有效期内每年监察2次,三年期满换证后每年监察1次。获证单位的法人代表、组织结构、生产方式或覆盖产品范围等如有变化,应及时通知认证机构,必要时认证机构将派员复查或增加监察次数。

由于ISO 9000系列标准是针对生产型企业制定的质量标准,旅游景区作为服务型企业在进行质量管理时无法完全参照该标准的要求。但是,该标准中强调的全面质量管理、过程控制、持续改进等原则和方法是值得旅游景区管理人员学习和借鉴的。

(二)ISO 14000系列标准

1. 标准概述

ISO 14000是国际标准化组织1993年6月继ISO 9000系列标准后推出的一套环境管理系列标准。随着全球工业的不断发展,全球性环境问题越来越突出。20世纪出现了八大公害事件,即比利时马斯河谷烟雾事件、美国多诺拉烟雾事件、美国洛杉矶光化学烟雾事件、英国伦敦烟雾事件、日本水俣病事件、日本骨痛病事件、日本四日市哮喘事件、日本糠油事件等,这些公害事件使大批居民非正常死亡。环境问题已成为绿色贸易壁垒,在一定程度上影响了国际贸易的发展。ISO国际标准化组织在汲取世界发达国家多年环境管理经验的基础上制定并颁布ISO 14000环境管理系列标准,成为一套目前世界上最全面和最系统的环境管理国际化标准,并引起世界各国政府、企业界的普遍重视和积极响应。目前,该标准已经成为世界上最全面和最系统的环境管理国际化标准。

2. 标准内容

从内容上看,ISO 14000标准由环境管理体系(EMS)、环境审核与监测(EA)、环境标志(EL)、生命周期分析(LCA)、环境表现评价(ERE)及术语和定义、产品标准中的环境指标等七个部分组成。从上述标准约束管理的对象看,又可以将其分为两大类,环境管理体系、环境绩效评价以及环境审核三个标准属于对组织与环境关系的评价;环境标志、生命周期评价以及产品标准中的环境因素等标准是对产品与环境间关系的评价。旅游景区经营管理与环境之间存在相互依存的关系。因此,ISO 14000标准对于旅游景区环境管理具有重要的指导意义。旅游景区应以该标准为依据,对旅游景区的运行过程进行严格控制,并对自身进行持续改进,以保证旅游景区与环境之间形成良性互动。值得强调的是,旅游景区环境管理不仅包括旅游景区内部环境的管理,同时还包括旅游景区与外部环境之间的协调与控制。只有内部和外部环境都得到优化,旅游景区质量才能得到本质上的提高;否则,以吸收外部环境或内部环境来换得旅游景区的某些利益会对旅游景区的可持续发展产生深远影响。

3. 认证程序

获得ISO 14000标准的认证程序分为两个阶段:

第一阶段,建立并实施 ISO 14000 环境管理体系。即上文提到的组织如何完成标准的基本内容。

第二阶段,认证取证阶段。经过内审和管理评审,组织如果确认其环境管理体系基本符合 ISO 14001 标准要求,对组织适用性较好,且运行充分、有效,可向已获得中国环境管理体系认证机构认可委员会认可、有认证资格的认证机构提出认证申请并签订认证合同,进入 ISO 14000 环境管理体系认证审核阶段。认证审核是认证机构受组织委托,以第三方身份对组织的环境管理体系与 ISO 14001 环境管理体系标准的符合性和运行、保持的有效性进行审核验证,并确定是否向组织发放认证证书的过程。

认证证书有效期为三年。三年内,组织要多次接受机构的监督审核。三年后,组织要申请复审,重新注册获得证书,此过程同第一次认证。

(三)绿色环球 21 质量体系

1. 概述

既能体验大自然又能充分关注环境保护和当地发展的旅游形式越来越得到全世界的普遍推崇。中国旅游业在飞速发展的同时也急需加以规范,具有全球权威的"绿色环球 21"体系可供各国旅游市场作为规范标准。绿色环球 21 是当今世界上唯一涵盖旅游全行业全球性可持续发展的标准体系。它源于 1992 年在巴西里约热内卢举行的联合国环境与发展大会上形成并得到世界 182 个国家批准的《21 世纪议程》中的可持续发展原则。推出绿色环球 21 标准的目的就是要在全球、各国以及各地区范围内全面改善环境、社会和文化形象。绿色环球 21 鼓励和支持企业、景区遵守国家和省级立法,遵从政府相关部门提出的地方法规。绿色环球 21 是非政府组织,设有国际顾问委员会实施监督,对现行标准和技术支持信息实施严格检验。

2. 主要内容

绿色环球 21 的五大标准如下:

(1)可持续旅游企业标准,针对的是宾馆饭店、度假村、旅游交通公司、会展中心等旅游企业。

(2)可持续旅游区标准,针对的是旅游区、行政区、景区以及城镇等。

(3)生态旅游标准,针对的是生态旅游产品。

(4)可持续设计建设标准,针对的是规划建设中的旅游景点与设施。

(5)绿色环球 21 景区规划设计标准,针对旅游景区的规划与设计对象。

绿色环球 21 特别关注经济、社会和环境的全面健康发展,对组织有以下 12 个要求:减少温室气体排放、提高能源效率、加强淡水资源管理、保护空气质量和控制噪声、减少废弃物和废物回收利用、改进废水处理、改善社区关系、尊重文化遗产、保护自然生态系统、保护野生动植物种类、强化土地规划和管理、妥善保存与慎用对环境有害的物质。

3. 认证程序

绿色环球 21 的认证有三个步骤,即 ABC 三部曲。

A 步骤:加盟成为"绿色环球 21"会员。该步骤帮助组织了解可持续旅游理念,掌握《绿色环球 21 标准》的可持续发展策略,为组织了解达标评估和认证过程以及如何通过达标评估和认证提供必要的知识。通过者可获得绿色环球21加盟徽标,如图7-2所示。

图7-2　绿色环球21认证合格徽标

B步骤:申请达标评估。根据绿色环球21为各旅游行业制定的最低环境实施基准,评估组织是否达到或者超越这个基准,成功通过了达标评估的组织可以使用"绿色环球21"未打钩徽标来宣传旅游区。

C步骤:申请认证评估。达标评估合格的单位将接受绿色环球21授权独立第三方的现场评审,如果通过,将获得使用绿色环球21打钩徽标的权利。组织可以选择直接从A或者B的任一程序开始,而C程序则必须在完成B程序之后才能进行。通过认证的组织必须每年接受一次付费的审核,以达到持续改进。

二、中国旅游景区质量认证制度

(一)标准概述

随着我国旅游业的快速发展,旅游景区也如雨后春笋般新兴起来。旅游景区间的竞争日益激烈,在景区发展过程中,出现了较多的问题。各景区质量不一也使得游客不知如何选择。为了加强对旅游景区的管理,提高旅游景区服务质量,维护旅游景区和旅游者的合法权益,促进我国旅游资源开发、利用和环境保护,国家旅游局组织编制了《旅游区(点)质量等级的划分与评定》国家标准,并由国家质量技术监督局于1999年6月14日正式批准和颁布,标准代号为GB/T 1775-1999,2004年标准正式升级到了GB/T 17775-2003。

(二)GB/T 17775-2003标准内容

该标准的主要内容涉及景区质量等级的标识以及各等级景区应该具备的条件。如规定旅游区(点)质量等级划分为五级,从高到低依次为AAAAA、AAAA、AAA、AA、A级旅游区(点)。为保证景区质量,该标准对于景区设施和服务进行了较为细致的规定,主要涉及的内容如下:

(1)旅游交通。包括景区可进入性、交通设施状况、游览线路设计、交通工具等。

(2)游览设施和服务。包括游客中心设置、引导标识的设计、公众信息的发放、导游员及导游词的安排、公共信息图形的规范、公共休息设施设置等。

(3)旅游安全。包括应该符合相关安全标准和规范、安全设施的完备性、紧急事故应对措施和设施等。

(4)景区卫生。包括景区环境、相关卫生标准、公共厕所的设计、垃圾箱的设置、食品卫生标准等。

(5)邮电服务。包括有无邮政服务、通信设施的布置、通信信号强弱及便捷性。

(6)景区购物。包括购物场所的设置和管理、旅游商品销售从业人员素质、旅游品丰富程度等。

(7)景区经营管理。包括管理体制的科学性、管理制度的完备性、管理人员的高层次、项目管理的合法性、服务管理的针对性等。

(8)景区资源与环境保护。包括空气环境、噪声环境、水环境、污物排放、景观保护、景区容量控制、设施的环保性能等。

(9)景区资源吸引力。包括观赏游览价值、历史文化科学价值、资源的质量、保存完好程度等。

(10)景区的市场吸引力。包括景区品牌知晓度、美誉度、辐射能力、品牌特征等。

(11)景区的国内外游客年接待规模。

(12)游客满意度的抽样调查结果。

在该标准的具体实施方面,国家旅游局还配套设计了旅游区(点)质量等级划分条件及旅游景区质量等级的评分细则。细则分为三个部分:即服务质量与环境质量评分细则、景观质量评分细则以及游客意见评分细则。国家旅游局旅游区(点)质量等级划分条件及三部分的综合得分确定旅游区(点)质量等级。

(三)评定资格及程序

1. 评定资格

凡在中华人民共和国境内,正式开业从事旅游经营业务一年以上的旅游景区,包括风景区、文博院馆、寺庙观堂、旅游度假区、自然保护区、主题公园、森林公园、地质公园、游乐园、动物园、植物园及工业、农业、经贸、科教、军事、体育、文化艺术等旅游景区,均可申请参加质量等级评定。

2. 评定程序

各级旅游景区的质量等级评定工作按照"创建、申请、评定、公告"的程序进行,具体步骤如下:

(1)旅游景区完成创建计划。

(2)进行自检,自检结果达到相应等级标准和细则规定的旅游景区,填写"旅游景区质量等级评定报告书",并向当地旅游景区质量等级评定机构提出评定申请。

(3)经当地旅游景区质量等级评定机构审核同意,向上一级旅游景区质量等级评定机构推荐参加相应质量等级的正式评定。

(4)现场评定工作由负责评定的旅游景区质量等级评定机构委派评定小组承担。评定小组采取现场检查、资料审核、抽样调查等方式进行现场评定工作。

(5)现场评定符合标准的旅游景区,由负责评定的旅游景区质量等级评定机构批准其质量等级,并向社会公告。

(6)各级旅游景区质量等级评定机构对所评旅游景区要进行监督检查和复核。监督检查采取重点抽查、定期明察和不定期暗访以及社会调查、听取游客意见反馈等方式进行；全面复核至少每三年进行一次。等级复核工作主要由省级质量等级评定委员会组织和实施。全国质量等级评定委员会有计划、有重点地进行复核。

> **微型资料 7-3**
> 了解旅游景区的概念、分类；
> 了解我国旅游景区的发展历程；
> 理解旅游景区存在问题和创新途径。

三星堆的国际化管理

三星堆博物馆是中国首批 AAAA 级旅游景区和四川省对外推出的五大精品旅游景区之一。在实现打造三星堆国际旅游精品的工程中，三星堆博物馆注重运用先进的管理方法。2002 年年底，博物馆引进了当今两大国际管理体系，即 ISO9001：2000 质量管理体系（以下简称 ISO9001：2000）和 Green Globe 21 旅游业可持续发展管理体系（以下简称"绿色环球 21"）。2003 年 12 月，博物馆通过权威机构（ISO9001：2000 由中国质量认证中心、"绿色环球 21"由澳大利亚认证专家）的严格认证，成为国内第一家同时通过这两大国际管理体系认证的博物馆。

在清楚了 ISO9001：2000 和"绿色环球 21"的概念后，三星堆根据博物馆自身定位所赋予的弘扬文化、保护和研究文物等特性，根据既定的目标和方针，坚持"领导是关键、全员需参与"、"努力更新、持续改进"的原则，制定了符合博物馆各项工作运作模式的程序文件，根据岗位实践操作细则，制定了相应的作业指导书，并用大量的表单、报告等书面材料记录系统运作状况，然后在博物馆内部建立自我发现问题、自我纠正问题、自我完善管理的机制，有效预防质量事故发生，使产品质量稳定提高。同时，还将内部评审和邀请外部专家进行年度评审相结合，使管理体系不断得到完善。这样，一套适合博物馆特色的 ISO9001：2000 和"绿色环球 21"管理系统就基本建立了。

经过一年多的运行后，ISO9001：2000 和"绿色环球 21"管理系统对博物馆产生了积极深远的影响，主要表现在以下几个方面：

1. 对传统博物馆管理体制的革命性改变

三星堆博物馆开国内博物馆之先河，引进 ISO9001：2000 质量管理系统，成功地改善了传统博物馆的管理体制。以前的博物馆管理体制，职责和权限划分不清晰，在实施这两大管理体系后，博物馆各项工作在稳步发展中持续提升，管理脉络清晰，职责权限清楚。ISO9001：2000 明确了博物馆中、高层管理人员的职责和权限，对博物馆馆长、副馆长、各科室部门主管的职责、权限及考核方法和考核审批权限也做出了明确规定，确保了博物馆管理工作的正常有效运作。现在博物馆各部门、各岗位的职责和权限划分极为清楚，最高管理者从琐碎的事务中解脱出来，有更多精力去策划博物馆的未来发展宏图，员工的责任心也得到了加强。

2. 为博物馆走向可持续旅游之路夯实了基础

通过贯彻和实施"绿色环保"，能源的管理、非再生能源的管理、废弃物最少化管理措施、污水的管理、噪声的控制、土地使用和管理、有害物质危险的保管和使用、社会和文化的管理、与利益相关者的沟通和交流等方面实施了一系列环境整治措施，改善了博物馆形象,增加了博物馆的利润,与利益相关者建立了良好的沟通关系,取得了良好的社会效益和经济效益。例如:博物馆与成都危险固体废弃物处理中心建立了长期友好的合作关系,由成都危险固体废弃物处理中心代替博物馆处理废旧电池等危险固体废弃物,博物馆也建立健全了专门的危险固体废弃物回收制度,确定了相关责任人,建好了危险固体废弃物临时储存室;博物馆与周边村庄及社区经常进行沟通,对村民进行环保知识培训和教育,引导他们将废弃物收集到博物馆设立的便民垃圾站。在博物馆区人们可以看到满目翠绿、鹤鸟飞翔,游人与自然和谐相融。

实施 ISO9001:2000 和"绿色环球 21"管理系统给三星堆博物馆景区带来了良好的社会效益和经济效益,但他们也清楚地认识到,博物馆实施可持续发展之路还任重道远。

1. 传统管理理念与现代管理理念的冲突

传统的管理理念强调经验,办事不规范,办事情、做工作多以人情世故为主,人为增加了工作的中间环节,工作效率不高。例如,博物馆在执行初期就有因为凭经验办事买进物品而没有按照系统要求对产品提供方进行审查,最后导致产品质量不高、不能使用的教训。

2. 行政命令与管理体系的冲突

由于上级单位或主管部门绝大多数没有实施现代管理模式,经常导致上级下达的行政命令或指示与博物馆现代管理系统产生矛盾。例如,上级行政部门要求博物馆尽量增加游客服务设施,而管理体系则要求博物馆尽量对游客服务设施的建设予以控制,以减少游客对博物馆的环境产生不良影响。

3. 员工素质与系统要求的冲突

ISO9001:2000 和"绿色环球 21"管理系统对员工素质提出了很高的要求,而博物馆员工素质参差不齐,少量员工对先进的管理理念和相关知识的理解极为困难,给系统运作增加了不小的难度。

资料来源:《三星堆的国际化管理》,见乐山师范学院世界遗产研究所网站(http://www.lswho.net),2004-11-01。

分析提示:三星堆博物馆在清楚了 ISO9001:2000 和"绿色环球 21"的概念后,采取一系列的措施建立起一套适合博物馆特色的国际化标准管理系统,国际标准化管理的导入卓有成效地促进和提高了博物馆的管理水平。

项目小结

本章介绍了我国旅游景区标准化管理的背景,从景区、旅游者和旅游业的宏观角度阐述了标准化管理对于景区的意义以及景区标准化管理的三大基本内容;介绍了 ISO 9000、ISO 14000 系列标准和"绿色环球 21"三个主要的景区管理的国际化管理体系;重点介绍了我国景区管理的国家标准的内容、要求和实施情况。

项目实训

阐述旅游景区服务质量管理的控制方法。
简述质量体系认证。

附录一

旅游景区质量等级的划分与评定

《旅游景区质量等级的划分与评定》（修订）（GB/T 17775-2003）
2004-10-28 发布 2005-01-01 实施
中华人民共和国国家质量监督检验检疫总局发布

前　言

　　本标准从实施之日起，代替 GB/T 17775-1999《旅游景区质量等级的划分与评定》。本标准与 GB/T 17775-1999 相比，主要修改如下：
　　——在划分等级中增加了 AAAAA 级旅游景区。新增的 AAAAA 级主要从细节方面、景区的文化性和特色性等方面做更高要求；
　　——对原 AAAAA 级旅游景区的划分条件均进行了修订，强化以人为本的服务宗旨，AAAA 级旅游景区增加细节性、文化性和特色性要求；
　　——细化了关于资源吸引力和市场影响力方面的划分条件。
　　本标准由国家旅游局提出。
　　本标准由全国旅游标准化技术委员会归口并负责解释。
　　本标准起草单位：国家旅游局规划发展与财务司。
　　本标准主要起草人：魏小安、汪黎明、彭德成、潘肖澎、周梅。

引　言

　　本标准的制定旨在加强对旅游景区的管理，提高旅游景区服务质量，维护旅游景区和旅游者的合法权益，促进我国旅游资源开发、利用和环境保护。
　　本标准在制定过程中，总结了国内旅游景区的管理经验，借鉴了国内外有关资料和技术规程，并直接引用了部分国家标准或标准条文。同时，根据 GB/T 17775-1999《旅游景区质量等级的划分与评定》自 1999 年至今近三年时间的实施情况，在原标准基础上对一些内容进行了修订，使其更加符合旅游景区的发展实际。

旅游景区质量等级的划分与评定

1 范围

本标准规定了旅游景区质量等级划分的依据、条件及评定的基本要求。

本标准适用于接待海内外旅游者的各种类型的旅游景区,包括以自然景观及人文景观为主的旅游景区。

2 引用文件

下列文件中的条款通过本标准的引用而成为本标准的条款。凡是注日期的引用文件,其随后所有的修改单(不包括勘误的内容)或修订版均不适用于本标准,然而,鼓励根据本标准达成协议的各方研究是否可使用这些文件的最新版本。凡是不注日期的引用文件,其最新版本适用于本标准。

GB 3095-1996 环境空气质量标准

GB 3096-1993 城市区域环境噪声标准

GB 3838 地表水环境质量标准

GB 8978 污水综合排放标准

GB 9664 文化娱乐场所卫生标准

GB 9667 游泳场所卫生标准

GB/T 10001.1 标志用公共信息图形符号第1部分:通用符号〈GB/T 10001.1-2000,neq ISO7001:1990)

GB/T 15971-1995 导游服务质量

GB 16153 饭馆(餐厅)卫生标准

GB/T 16767 游乐园(场)安全和服务质

3 术语定义

下列术语和定义适用于本标准。

3.1 旅游景区(tourist attraction)

旅游景区是以旅游及其相关活动为主要功能或主要功能之一的空间或地域。本标准中的旅游景区是指具有参观游览、休闲度假、康乐健身等功能,具备相应旅游服务设施并提供相应旅游服务的独立管理区。该管理区应有统一的经营管理机构和明确的地域范围,包括风景区、文博院馆、寺庙观堂、旅游度假区、自然保护区、主题公园、森林公园、地质公园、游乐园、动物园、植物园及工业、农业、经贸、科教、军事、体育、文化艺术等各类旅游景区。

3.2 旅游资源(tourism resources)

自然界和人类社会凡能对旅游者产生吸引力,可以为旅游业开发利用,并可产生经济效益、社会效益和环境效益的各种事物和因素。

3.3 游客中心(tourist center)

旅游景区设立的为游客提供信息、咨询、游程安排、讲解、教育、休息等旅游设施和服务功能的专门场所。

4 标志

4.1 旅游景区质量等级划分为五级,从高到低依次为 AAAAA、AAAA、AAA、AA、A 级旅游景区。

4.2 旅游景区质量等级的标牌、证书由全国旅游景区质量等级评定机构统一规定。

5 划分条件

5.1 国家 AAAAA 级旅游景区

5.1.1 旅游交通

(1)可进入性好。景区交通设施完善,进出便捷;具有一级公路或高等级航道、航线可直达,或具有旅游专线交通工具。

(2)有与景观环境相协调的专用停车场或船舶码头。景区管理完善、布局合理,容量能充分满足游客接待量要求;场地平整坚实、绿化美观或水域畅通、清洁;标志规范、醒目、美观。

(3)区内游览(参观)路线或航道布局合理、顺畅,与观赏内容联结度高、兴奋感强。路面特色突出,或航道水体清澈。

(4)区内应使用清洁能源的交通工具。

5.1.2 游览

(1)游客中心位置合理,规模适度,设施齐全,功能体现充分;咨询服务人员配备齐全,业务熟练,服务热情。

(2)各种引导标识(包括导游全景图、导览图、标识牌、景物介绍牌等)造型特色突出,艺术感和文化气息浓厚,能烘托总体环境;标识牌和景物介绍牌设置合理。

(3)公众信息资料(如研究论著、科普读物、综合画册、音像制品、导游图和导游材料等)特色突出,品种齐全,内容丰富,文字优美,制作精美,适时更新。

(4)导游员(讲解员)持证上岗,人数及语种能满足游客需要;普通话达标率100%。导游员(讲解员)均应具备大专以上文化程度,其中本科以上不少于30%。

(5)导游(讲解)词科学、准确、有文采。导游服务具有针对性,强调个性化,服务质量达到 GB/T 15971-1995 中 4.5.3 和第 5 章要求。

(6)公共信息图形符号的设置合理,设计精美,特色突出,有艺术感和文化气息,符合 GB/T 10001.1 的规定。

(7)游客公共休息设施布局合理,数量充足,设计精美,特色突出,有艺术感和文化气息。

5.1.3 旅游安全

(1)认真执行公安、交通、劳动、质量监督、旅游等有关部门制定和颁布的安全法规,建立完善的安全保卫制度,工作全面落实。

(2)要求消防、防盗、救护等设备齐全、完好、有效,交通、机电、游览、娱乐等设备完好,运行要正常,无安全隐患。游乐园应当达到 GB/T 16767 规定的安全和服务标准。危险地段标志明显,防护设施齐备、有效,特殊地段有专人看守。

(3)建立紧急救援机制,设立医务室,并配备专职医务人员。应当设有突发事件处理预案,应急处理能力强,事故处理要及时、妥当,档案记录准确、齐全。

5.1.4 卫生

(1)环境整洁,无污水、污物,无乱建、乱堆、乱放现象,建筑物及各种设施设备无剥落、无污垢,空气清新、无异味。

(2)各类场所全部达到 GB 9664 规定的要求,餐饮场所达到 GB 16153 规定的要求,游泳场所达到 GB 9667 规定的要求。

(3)公共厕所布局合理,数量能满足需要,标识醒目美观,建筑造型景观化。所有厕所具备水冲、盥洗、通风设备,并保持完好或使用免水冲生态厕所。厕所设专人服务,洁具洁净、无污垢、无堵塞。室内整洁,有文化气息。

(4)垃圾箱布局合理,标识明显,造型美观独特,与环境相协调;垃圾箱分类设置,垃圾清扫及时,日产日清。

(5)食品卫生符合国家规定,餐饮服务配备消毒设施,不应使用对环境造成污染的一次性餐具。

5.1.5 邮电服务

(1)提供邮政及邮政纪念服务。

(2)通信设施布局合理。出入口及游人集中场所设有公用电话,具备国际、国内直拨功能。

(3)公用电话亭与环境相协调,标志美观醒目。

(4)通讯方便,线路畅通,服务亲切,收费合理。

(5)能接收手机信号。

5.1.6 旅游购物

(1)购物场所布局应合理,建筑造型、色彩、材质有特色,与环境协调。

(2)对购物场所进行集中管理,要求环境整洁、秩序良好,无围追兜售、强买强卖现象。

(3)对商品从业人员有统一的管理措施和手段。

(4)旅游商品种类丰富,本地区及本旅游区特色突出。

5.1.7 经营管理

(1)管理体制健全,经营机制有效。

(2)旅游质量、旅游安全、旅游统计等各项经营管理制度健全有效,贯彻措施得力,定期监督检查,有完整的书面记录和总结。

(3)管理人员配备合理,中高级以上管理人员均具备大学以上文化程度。

(4)具有独特的产品形象、良好的质量形象、鲜明的视觉形象和文明的员工形象;能够确立自身的品牌标志,并全面、恰当地使用。

(5)有正式批准的旅游总体规划,开发建设项目符合规划要求。

(6)培训机构、制度明确,人员、经费落实;业务培训全面、效果良好,上岗人员培训合格率达100%。

(7)投诉制度健全、人员落实、设备专用,投诉处理及时、妥善,档案记录完整。

(8)为特定人群(老年人、儿童、残疾人等)配备旅游工具、用品,提供必要特殊服务。

5.1.8 资源和环境的保护

(1)空气质量达 GB 3095-1996 的一级标准。

(2)噪声质量达到 GB 3096-1993 的一类标准。

(3)地面水环境质量达到 GB 3838 的规定。

(4)污水排放达到 GB 8978 的规定。

(5)自然景观和文物古迹保护手段科学,措施先进,并能有效预防自然和人为破坏,保持自然景观和文物古迹的真实性和完整性。

(6)科学管理游客容量。

(7)建筑布局合理,建筑物体量、高度、色彩、造型与景观相协调。出入口主体建筑格调突出,并烘托景观及环境。周边建筑物与景观格调协调,或具有一定的缓冲区域。

(8)环境氛围优良。绿化覆盖率高,植物与景观配置得当,景观与环境美化措施多样,效果好。

(9)区内各项设施设备符合国家关于环境保护的要求;不造成环境污染和其他公害、不破坏旅游资源和游览气氛。

5.1.9 旅游资源吸引力

(1)观赏游憩价值极高。

(2)同时具有极高历史价值、文化价值、科学价值,或其中一类价值具世界意义。

(3)有大量珍贵物种,或景观异常奇特,或有世界级资源实体。

(4)资源实体体量巨大,或资源类型多,或资源实体疏密度极优。

(5)资源实体完整无缺,保持原来形态与结构。

5.1.10 市场吸引力

(1)世界知名。

(2)美誉度极高。

(3)市场辐射力很强。

(4)主题鲜明,特色突出,独创性强。

5.1.11 年接待海内外旅游者 60 万人次以上,其中海外旅游者 5 万人次以上。

5.1.12 游客抽样调查满意率很高。

5.1 国家 AAAA 级旅游景区

5.2.1 旅游交通

(1)可进入性良好。交通设施完善,进出便捷;或具有一级公路或高等级航道、航线直达,或具有旅游专线交通工具。

(2)有与景观环境相协调的专用停车场或船舶码头,且管理完善、布局合理,容量能满足游客接待量要求;场地平整坚实或水域畅通;标志规范、醒目。

(3)区内游览(参观)路线或航道布局合理、顺畅,可观赏面大;路面有特色,或航道水质良好。

(4)区内使用低排放的交通工具,或鼓励使用清洁能源的交通工具。

5.2.2 游览

(1)游客中心位置合理,规模适度,设施齐全,功能完善。咨询服务人员配备齐全,业务熟练,服务热情。

(2)各种引导标识(包括导游全景图、导览图、标识牌、景物介绍牌等)造型有特色,与景观环境相协调;标识牌和景物介绍牌设置合理。

(3)公众信息资料(如研究论著、科普读物、综合画册、音像制品、导游图和导游材料等)特色突出,品种齐全,内容丰富,制作良好,适时更新。

(4)导游员(讲解员)持证上岗,人数及语种均能满足游客需要,要求普通话达标率100%。导游员(讲解员)均应具备高中以上文化程度,其中大专以上不少于40%。

(5)导游(讲解)词科学、准确、生动。导游服务质量达到 GB/T 15971-1995 中 4.5.3 以及第 5 章的要求。

(6)公共信息图形符号的设置合理,设计精美、有特色、有艺术感,符合 GB/T 10001.1 的规定。

(7)游客公共休息设施布局合理,数量充足,设计精美、有特色、有艺术感。

5.2.3　旅游安全

(1)认真执行公安、交通、劳动、质量监督、旅游等有关部门制定和颁布的相关安全法规,建立完善的安全保卫制度和工作全面落实。

(2)消防、防盗、救护等设备要求齐全、完好、有效,交通、机电、游览、娱乐等设备完好,运行正常,且无安全隐患。游乐园达到 GB/T 16767(国家标准)规定的安全和服务标准。危险地段标志明显,防护设施齐备、有效,高峰期有专人看守。

(3)建立紧急救援机制,设立医务室,并配备医务人员;设有突发事件处理预案,应急处理能力强,事故处理及时、妥当,档案记录准确、齐全。

5.2.4　卫生

(1)环境整洁,无污水、污物,无乱建、乱堆、乱放现象;建筑物及各种设施设备无剥落、无污垢,空气清新、无异味。

(2)各类场所全部达到 GB 9664 规定的要求,餐饮场所达到 GB 16153 规定的要求,游泳场所达到 GB 9667 规定的要求。

(3)公共厕所布局合理,数量能满足需要,标识醒目美观,建筑造型与景观环境相协调。所有厕所具备水冲、盥洗、通风设备,并保持完好或使用免水冲生态厕所。厕所管理完善,洁具洁净、无污垢、无堵塞。室内整洁。

(4)垃圾箱布局合理,标识明显,数量能满足需要,造型美观,与环境相协调。垃圾分类收集,清扫及时,日产日清。

(5)食品卫生符合国家规定,餐饮服务配备消毒设施,不得使用对环境造成污染的一次性餐具。

5.2.5　邮电服务

(1)提供邮政及邮政纪念服务。

(2)通讯设施布局合理。出入口及游人集中场所设有公用电话,具备国际、国内直拨功能。

(3)公用电话亭与环境相协调,标志美观醒目。

(4)通讯方便,线路畅通,服务亲切,收费合理。

(5)能接收手机信号。

5.2.6 旅游购物

(1)购物场所布局合理,建筑造型、色彩、材质有特色,与环境协调。

(2)对购物场所进行集中管理,环境整洁,秩序良好,杜绝围追兜售、强买强卖现象。

(3)对商品从业人员有统一的管理措施和手段。

(4)旅游商品种类丰富,具有本地的特色。

5.2.7 经营管理

(1)管理体制健全,经营机制有效。

(2)旅游质量、旅游安全、旅游统计等各项经营管理制度健全有效,应该贯彻措施得力,定期监督检查,有完整的书面记录和总结。

(3)管理人员配备合理,高级管理人员均应具备大学以上文化程度。

(4)具有独特的产品形象、良好的质量形象、鲜明的视觉形象和文明的员工形象,确立自身的品牌标志,并全面、恰当地使用。

(5)有正式批准的旅游总体规划,开发建设项目符合规划要求。

(6)培训机构、制度明确,人员和经费落实,业务培训全面,效果良好,上岗人员培训合格率达100%。

(7)投诉制度健全,人员、设备落实,投诉处理及时、妥善,档案记录完整。

(8)为特定人群(老年人、儿童、残疾人等)配备旅游工具、用品,提供特殊服务。

5.2.8 资源和环境的保护

(1)空气质量达 GB 3095-1996 的一级标准。

(2)噪声质量达到 GB 3096-1993 的一类标准。

(3)地面水环境质量达到 GB 3838 的规定。

(4)污水排放达到 GB 8978 的规定。

(5)自然景观和文物古迹保护手段科学、措施先进,能有效预防自然和人为破坏,保持自然景观和文物古迹的真实性和完整性。

(6)科学管理游客容量。

(7)建筑布局合理,建筑物体量、高度、色彩、造型与景观相协调。出入口主体建筑有格调,与景观环境相协调。周边建筑物与景观格调协调,或具有一定的缓冲区域或隔离带。

(8)环境氛围良好。绿化覆盖率高,植物与景观配置得当,景观与环境美化措施多样,效果良好。

(9)区内各项设施设备符合国家关于环境保护的要求,不造成环境污染和其他公害,不破坏旅游资源和游览气氛。

5.2.9 旅游资源吸引力

(1)观赏游憩价值很高。

(2)同时具有很高历史价值、文化价值、科学价值,或其中一类价值具全国意义。

(3)有很多珍贵物种,或景观非常奇特,或有国家级资源实体。

(4)资源实体体量很大,或资源类型多,或资源实体疏密度优良。

(5)资源实体完整,保持原来形态与结构。

5.2.10　市场吸引力

(1)全国知名。

(2)美誉度高。

(3)市场辐射力强。

(4)形成特色主题,有一定独创性。

5.2.11 年接待海内外旅游者 50 万人次以上,其中海外旅游者 3 万人次以上。

5.2.12 游客抽样调查满意率高。

5.3　国家 AAA 级旅游景区

5.3.1　旅游交通

(1)可进入性较好。交通设施完备,进出便捷;或具有至少二级以上公路或高等级航道、航线直达,或具有旅游专线等便捷交通工作。

(2)有与景观环境相协调的专用停车场或船舶码头,且布局合理,容量能满足需求;场地平整坚实或水域畅通;标志规范、醒目。

(3)区内游览(参观)路线或航道布局合理、顺畅,观赏面大;路面有特色,或航道水质良好。

(4)区内使用低排放的交通工作,或鼓励使用清洁能源的交通工具。

5.3.2　游览

(1)游客中心位置合理,规模适度,设施、功能齐备。游客中心有服务人员,业务熟悉,服务热情。

(2)各种引导标识(包括导游全景图、导览图、标识牌、景物介绍牌等)造型有特色,与景观环境相协调;标识牌和景物介绍牌设置合理。

(3)公众信息资料(如研究论著、科普读物、综合画册、音像制品、导游图和导游材料等)有特色,品种全,内容丰富,制作良好,适时更新。

(4)导游员(讲解员)持证上岗,人数及语种能满足游客需要,普通话达标率100%。导游员(讲解员)均应具备高中以上文化程度,其中大专以上不少于 20%。

(5)导游(讲解)词科学、准确、生动,导游服务质量达到 GB/T 15971-1995 中 4.5.3 和第 5 章要求。

(6)公共信息图形符号的设置合理、设计有特色,符合 GB/T 10001.1 的规定。

(7)游客公共休息设施布局合理,数量满足需要,设计有特色。

5.3.3　旅游安全

(1)认真执行公安、交通、劳动、质量监督、旅游等有关部门制定和颁布的安全法规,建立完善的安全保卫制度,工作全面落实。

(2)消防、防盗、救护等设备齐全、完好、有效,交通、机电、游览、娱乐等设备完好,运行正常,无安全隐患。游乐园达到 GB/T 16767 规定的安全和服务标准。危险地段标志明显,防护设施齐备、有效,高峰期有专人看守。

(3)建立紧急救援机制,设立医务室,至少配备兼职医务人员。设有突发事件处理预案,应急处理能力强,事故处理及时、妥当,档案记录准确、齐全。

5.3.4　卫生

(1)环境整洁,无污水、污物,无乱建、乱堆、乱放现象,建筑物及各种设施设备无剥落、无污垢,空气清新、无异味。

(2)各类场所全部达到 GB 9664 规定的要求,餐饮场所应达到 GB 16153 规定的要求,游泳场所应达到 GB 9667 规定的要求。

(3)公共厕所布局合理,数量满足需要,标识醒目,建筑造型与景观环境协调。全部厕所具备水冲、通风设备,并应保持完好或使用免水冲生态厕所。厕所要整洁,洁具洁净、无污垢、无堵塞。

(4)垃圾箱布局合理,标识明显,数量满足需要,造型美观,与环境协调。垃圾清扫及时,日产日清。

(5)食品卫生符合国家规定,餐饮服务配备消毒设施,不使用造成污染的一次性餐具。

5.3.5 邮电服务

(1)提供邮政及邮政纪念服务。

(2)通讯设施布局合理。游人集中场所设有公用电话,具备国际、国内直拨功能。

(3)公用电话亭与环境基本协调,标志醒目。

(4)通讯方便,线路畅通,服务亲切,收费合理。

(5)能接收手机信号。

5.3.6 旅游购物

(1)购物场所布局合理,建筑造型、色彩、材质与环境协调。

(2)对购物场所应当进行集中管理,环境整洁,秩序良好,无围追兜售、强买强卖现象。

(3)对商品从业人员有统一的管理措施和手段。

(4)旅游商品种类丰富,具有本地区特色。

5.3.7 经营管理

(1)管理体制健全、经营机制有效。

(2)旅游质量、旅游安全、旅游统计等各项经营管理制度健全有效,贯彻措施得力,定期监督检查,有完整的书面记录和总结。

(3)管理人员配备合理,80%以上中高级管理人员具备大专以上文化程度。

(4)具有独特的产品形象、良好的质量形象、鲜明的视觉形象和文明的员工形象,确立自身的品牌标志,并全面、恰当地使用。

(5)有正式批准的总体规划,开发建设项目符合规划要求。

(6)培训机构、制度明确,人员、经费落实,业务培训全面,效果良好,上岗人员培训要求合格率达 100%。

(7)投诉制度健全,人员、设备落实,投诉处理及时、妥善,档案记录完整。

(8)能为特定人群(老年人、儿童、残疾人等)提供特殊服务。

5.3.8 资源及环境的保护

(1)空气质量达 GB 3095-1996 的一级标准。

(2)噪声质量达到 GB 3096-1993 的一类标准。

(3)地面水环境质量达到 GB 3838 的规定。

(4)污水排放达到 GB 8978 的规定。

(5)自然景观和文物古迹保护手段科学、措施得力,能有效预防自然和人为破坏,保持自然景观和文物古迹的真实性和完整性。

(6)科学管理游客容量。

(7)建筑布局合理,建筑物体量、高度、色彩、造型与景观相协调。出入口主体建筑有格调,与景观环境相协调。周边建筑物与景观格调协调,或具有一定的缓冲区或隔离带。

(8)环境氛围良好。绿化覆盖率较高,植物与景观配置得当,景观与环境美化效果良好。

(9)区内各项设施设备符合国家关于环境保护的要求,不可造成环境污染和其他公害,不破坏旅游资源和游览气氛。

5.3.9 旅游资源吸引力

(1)观赏游憩价值较高。

(2)同时具有很高的历史价值、文化价值、科学价值,或其中一类价值具省级意义。

(3)有较多珍贵物种,或景观奇特,或有省级资源实体。

(4)资源实体体量大,或资源类型较多,或资源实体疏密度良好。

(5)资源实体完整,基本保持原来的形态与结构。

5.3.10 市场吸引力

(1)周边省市知名。

(2)美誉度较高。

(3)市场辐射力较强。

(4)有一定特色,并初步形成主题。

5.3.11 年接待海内外旅游者 30 万人次以上。

5.3.12 游客抽样调查满意率较高。

5.4 国家 AA 级旅游景区

5.4.1 旅游交通

(1)可进入性较好。进出方便,道路通畅。

(2)有专用停车船场所,布局较合理,容量能基本满足需求,场地平整坚实或水域畅通,标志规范、醒目。

(3)区内游览(参观)路线或航道布局基本合理、顺畅。

(4)区内使用低排放的交通工具,或鼓励使用清洁能源的交通工具;区内无对环境造成污染的交通工具。

5.4.2 游览

(1)有为游客提供咨询服务的游客中心或相应场所,咨询服务人员业务熟悉、服务热情。

(2)各种引导标识(包括导游全景图、导览图、标识牌、景物介绍牌等)清晰美观,与景观环境基本协调。标识牌和景物介绍牌设置合理。

(3)公众信息资料(如研究论著、科普读物、综合画册、音像制品、导游图和导游材料等)品种多,内容丰富,制作较好。

(4)导游员(讲解员)持证上岗,人数及语种能满足游客需要,普通话达标率100%;导游员(讲解员)均应具备高中以上文化程度。

(5)导游(讲解)词科学、准确、生动,导游服务质量应能达到 GB/T 15971-1995 中 4.5.3 和第 5 章要求。

(6)公共信息图形符号的设置合理、规范醒目,符合 GB/T 10001.1 的规定。

(7)游客公共休息设施布局合理,数量基本满足需要,造型与环境基本协调。

5.4.3 旅游安全

(1)认真执行公安、交通、劳动、质量监督、旅游等相关部门制定和颁布的安全法规,建立完善的安全保卫制度,工作全面落实。

(2)消防、防盗、救护等设备齐全、完好、有效,交通、机电、游览、娱乐等设备完好,运行正常,无安全隐患。游乐园达到 GB/T 16767 规定的安全和服务标准。危险地段标志明显,防护设施齐备、有效。

(3)建立紧急救援机制。配备游客常用药品;事故处理及时、妥当,档案记录完整。

5.4.4 卫生

(1)环境比较整洁,无污水、污物,无乱建、乱堆、乱放现象,建筑物及各种设施应当设备无剥落、无污垢,空气清新、无异味。

(2)各类场所全部达到 GB 9664 规定的要求,餐饮场所须达到 GB 16153 规定的要求,游泳场所须达到 GB 9667 规定的要求。

(3)公共厕所布局合理,数量基本满足需要,标识醒目,建筑造型与景观环境协调。70%以上厕所具备水冲设备,并保持完好或使用免水冲生态厕所。厕所整洁,洁具洁净、无污垢、无堵塞。

(4)垃圾箱布局合理、标识明显,数量基本满足需要,造型美观,与环境基本协调。垃圾清扫及时,日产日清。

(5)食品卫生符合国家规定,餐饮服务要配备消毒设施,不使用对环境造成污染的一次性餐具。

5.4.5 邮电服务

(1)提供邮政或邮政纪念服务。

(2)通讯设施布局合理。游人集中场所设有公用电话,具备国内直拨功能。

(3)公用电话亭与环境基本协调,标志醒目。

(4)通讯方便,线路畅通,服务亲切,收费合理。

(5)能接收手机信号。

5.4.6 旅游购物

(1)购物场所布局基本合理,建筑造型、色彩、材质与环境基本协调。

(2)对购物场所进行集中管理,环境整洁,秩序良好,无围追兜售、强买强卖现象。

(3)对商品从业人员有统一管理措施和手段。

(4)旅游商品种类较多,具有本地区特色。

5.4.7 经营管理

(1)管理体制健全,经营机制有效。

(2)旅游质量、旅游安全、旅游统计等各项经营管理制度健全有效,贯彻措施得力,并定期监督检查,有完整的书面记录和总结。

(3)管理人员配备合理,70%以上中高级管理人员具备大专以上文化程度。

(4)具有独特的产品形象、良好的质量形象、鲜明的视觉形象和文明的员工形象。

(5)有正式批准的总体规划,开发建设项目符合规划要求。

(6)培训机构、制度明确,人员、经费落实,业务要培训全面,效果良好,上岗人员培训要求合格率达 100%。

(7)投诉制度健全,人员、设备落实,投诉处理及时、妥善,档案记录基本完整。

(8)能为特定人群(老年人、儿童、残疾人等)提供特殊服务。

5.4.8 资源和环境的保护

(1)空气质量达 GB 3095-1996 的一级标准。

(2)噪声质量达到 GB 3096-1993 的一类标准。

(3)地面水环境质量达到 GB 3838 的规定。

(4)污水排放达到 GB 8978 的规定。

(5)自然景观和文物古迹保护手段科学、措施得力,能有效预防自然和人为破坏,基本保持自然景观和文物古迹的真实性和完整性。

(6)科学管理游客容量。

(7)建筑布局基本合理,建筑物体量、高度、色彩、造型与景观基本协调;出入口主体建筑有格调,与景观环境相协调;周边建筑物与景观格调基本协调,或具有一定的缓冲区或隔离带。

(8)环境氛围良好。绿化覆盖率较高,植物与景观配置得当,景观与环境美化效果较好。

(9)区内各项设施设备符合国家关于环境保护的要求,不造成环境污染和其他公害,不破坏旅游资源和游览气氛。

5.4.9 旅游资源吸引力

(1)观赏游憩价值一般。

(2)同时具有较高历史价值、文化价值、科学价值,或其中一类价值具地区意义。

(3)有少量珍贵物种,或景观突出,或有地区级资源实体。

(4)资源实体体量较大,或资源类型较多,或资源实体疏密度较好。

(5)资源实体基本完整。

5.4.10 市场吸引力

(1)全省知名。

(2)有一定美誉度。

(3)有一定市场辐射力。

(4)有一定特色。

5.4.11 年接待海内外旅游者 10 万人次以上。

5.4.12 游客抽样调查满意率较高。

5.5 国家 A 级旅游景区

5.5.1 旅游交通

(1)通往旅游景区的交通基本通畅,有较好的可进入性。

(2)具有停车(船)场所,容量能基本满足需求,场地较平整坚实或水域较畅通,有相应标志。

(3)区内游览(参观)路线或航道布局基本合理、顺畅。

(4)区内使用低排放的交通工具,或鼓励使用清洁能源的交通工具。

5.5.2 游览

(1)有为游客提供咨询服务的场所,服务人员业务熟悉,服务热情。

(2)各种公众信息资料(包括导游全景图、标识牌、景物介绍牌等)与景观环境基本协调;标识牌和景物介绍牌设置基本合理。

(3)宣传教育材料(如研究论著、科普读物、综合画册、音像制品、导游图和导游材料等)

品种多,内容丰富,制作较好。

(4)导游员(讲解员)持证上岗;人数及语种能基本满足游客需要,普通话达标率100%;导游员(讲解员)均应具高中以上文化程度。

(5)导游(讲解)词科学、准确、生动。导游服务质量达到 GB/T 15971-1995 中 4.5.3 和第 5 章要求。

(6)公共信息图形符号的设置基本合理,基本符合 GB/T 10001.1 的规定。

(7)游客公共休息设施布局基本合理,数量基本满足需要。

5.5.3 旅游安全

(1)认真执行公安、交通、劳动、质量监督、旅游等有关部门制定和颁布的安全法规,安全保卫制度健全,工作落实。

(2)消防、防盗、救护等设备齐全、完好、有效,交通、机电、游览、娱乐等设备完好,运行正常,无安全隐患。游乐园达到 GB/T 16767 规定的安全和服务标准。危险地段标志明显,防护设施齐备、有效。

(3)事故处理及时、妥当,档案记录完整,配备游客常用药品。

5.5.4 卫生

(1)环境比较整洁,无污水、污物,无乱建、乱堆、乱放现象,建筑物及各种设施设备无剥落、无污垢,空气清新、无异味。

(2)各类场所全部达到 GB 9664 规定的要求,餐饮场所达到 GB 16153 规定的要求,游泳场所达到 GB 9667 规定的要求。

(3)公共厕所布局较合理,数量基本满足需要,建筑造型与景观环境比较协调。50%以上厕所具备水冲设备,并保持完好或使用免水冲生态厕所。厕所较整洁,洁具洁净、无污垢、无堵塞。

(4)垃圾箱布局较合理,标识明显,数量基本满足需要,造型与环境比较协调;垃圾清扫及时,日产日清。

(5)食品卫生符合国家规定,餐饮服务配备消毒设施,不使用对环境造成污染的一次性餐具。

5.5.5 邮电服务

(1)提供邮政或邮政纪念服务。

(2)通讯设施布局较合理。游人集中场所设有公用电话,具备国内直拨功能。

(3)通讯方便,线路畅通,收费合理。

(4)能接收手机信号。

5.5.6 旅游购物

(1)购物场所布局基本合理,建筑造型、色彩、材质与环境较协调。

(2)对购物场所进行集中管理,环境整洁,秩序良好,无围追兜售、强买强卖现象。

(3)对商品从业人员有统一的管理措施和手段。

(4)旅游商品有本地区特色。

5.5.7 经营管理

(1)管理体制健全,经营机制有效。

(2)旅游质量、旅游安全、旅游统计等各项经营管理制度健全有效,贯彻措施得力,定期监督检查,有比较完整的书面记录和总结。

(3)管理人员配备合理,60％以上中高级管理人员具大专以上文化程度。

(4)具有一定的产品形象、质量形象和文明的员工形象。

(5)有正式批准的总体规划,开发建设项目符合规划要求。

(6)培训机构、制度明确,人员、经费落实,业务培训全面,效果良好,上岗人员培训合格率达100％。

(7)投诉制度健全,人员、设备落实,投诉处理及时,档案记录基本完整。

(8)能为特定人群(老年人、儿童、残疾人等)提供特殊服务。

5.5.8 资源和环境的保护

(1)空气质量达到 GB 3095-1996 的一级标准。

(2)噪声质量达到 GB 3096-1993 的一类标准。

(3)地面水环境质量达到 GB 3838 的规定。

(4)污水排放达到 GB 8978 的规定。

(5)自然景观和文物古迹保护手段科学、措施得力,能有效预防自然和人为破坏,基本保持自然景观和文物古迹的真实性和完整性。

(6)科学管理游客容量。

(7)建筑布局较合理,建筑物造型与景观基本协调;出入口主体建筑与景观环境基本协调;周边建筑物与景观格调较协调,或具有一定的缓冲区或隔离带。

(8)环境氛围较好。绿化覆盖率较高,景观与环境美化效果较好。

(9)区内各项设施设备符合国家关于环境保护的要求,不造成环境污染和其他公害,不破坏旅游资源和游览气氛。

5.5.9 旅游资源吸引力

(1)观赏游憩价值较小。

(2)同时具有一定历史价值、文化价值、科学价值,或其中一类价值具地区意义。

(3)有个别珍贵物种,或景观比较突出,或有地区级资源实体。

(4)资源实体体量中等,或有一定资源类型,或资源实体疏密度一般。

(5)资源实体较完整。

5.5.10 市场吸引力

(1)本地区知名。

(2)有一定美誉度。

(3)有一定市场辐射力。

(4)有一定特色。

5.5.11 年接待海内外游客 3 万人次以上。

5.5.12 游客抽样调查基本满意。

6 划分依据

6.1 根据旅游景区质量等级划分条件确定旅游景区质量等级,按照《服务质量与环境质量评分细则》、《景观质量评分细则》的评价得分,并结合《游客意见评分细则》的得分综合进行。

6.2 经评定合格的各质量等级旅游景区,由全国旅游景区质量等级评定机构向社会统一公告。

附录二

旅游景区讲解服务规范

2011-02-01 发布

2011-06-01 实施

中华人民共和国国家旅游局发布

前　言

本标准按照GB/T 1.1-2009给出的规则起草。

本标准由全国旅游标准化技术委员会(SAC/TC 210)提出并归口。

本标准起草单位：中国社会科学院旅游研究中心、颐和园管理处、北京八达岭特区办事处、北京联合大学旅游学院。

本标准主要起草人：刘德谦、李任芷、刘士军、汪黎明、刘莉莉、张源、谷媛、孙丽、曲东阳。

引　言

旅游景区是旅游供给六要素的核心，也是游客旅游活动最为关注的主体。景区的旅游讲解，是景区旅游服务和景区社会价值得以实现的主要环节。为了向旅游者提供更为优良的服务，充分实现景区讲解的社会效益，在"以人为本"的理念下推进景区旅游讲解的科学化、规范化，特编制《旅游景区讲解服务规范》。

旅游景区讲解服务规范

1　范围

本标准规定了旅游景区讲解服务的质量要求，提出了在讲解服务过程中遇到的若干问题的处理原则。

本标准适用于各类旅游景区在接待游客过程中提供的讲解服务。

2 规范性引用文件

下列文件对于本文件的应用是必不可少的。凡是注日期的引用文件,仅注日期的版本适用于本文件。凡是不注日期的引用文件,其最新版本(包括所有的修改单)适用于本文件。

GB/T 15624.1 服务标准化工作指南第1部分:总则

GB/T 15971 导游服务规范

GB/T 17775 旅游区(点)质量等级的划分与评定

3 术语和定义

下列术语和定义适用于本文件。

3.1 旅游景区 tourist attraction

以旅游及其相关活动为主要功能之一的(或其经营项目一部分的)空间或地域。即:具有参观游览、休闲度假、游乐体验、康体健身等功能,具备相应旅游服务设施并提供相应旅游服务的独立管理区(或管理区的一部分)。

注:包括风景区、文博院馆、寺庙观堂、旅游度假区、自然保护区、主题公园、森林公园、地质公园、游乐园、动物园、植物园,以及以工业、农业、经贸、科教、军事、体育、文化艺术等旅游为吸引内容的各类营业性和非营业性旅游活动区。

3.2 旅游景区讲解员 tourist attraction interpreter

受旅游景区委派或安排,为旅游团或旅游者提供讲解服务的专职人员和兼职人员。

4 旅游景区讲解员服务

4.1 旅游景区讲解员的基本素质要求

为保证旅游服务质量,讲解员应具备以下基本素质。

注:本标准对讲解员的基本素质的要求与 GB/T 15971 中导游人员的基本素质的要求是完全一致的。

4.1.1 思想品德

思想品德应符合:

(1)时时注意维护国家和民族尊严;

(2)努力学习掌握并模范遵守国家和地方的有关法律和法规;

(3)遵守社会公德,爱护公共财物;

(4)尊重民族传统,尊重游客的风俗习惯和宗教信仰;

(5)对待游客谦虚有礼、朴实大方、热情友好,尤其注意对老幼病残孕等弱势群体的关照,并且努力维护旅游者的合法权益;

(6)热爱本职工作,忠于职守;

(7)增强服务意识,不断提高自己的业务能力;

(8)不得以暗示或其他方式引导游客为讲解员本人或相关群体非法谋取荣誉或物质利益。

4.1.2 体质与基本从业能力

体质与基本从业能力应符合:

(1)身体健康,无传染性疾病;

(2)能够使用普通话(或民族语言,或外语)进行景区内容的讲解,有较强的语言表达能力(做到口齿清楚、发音准确、表达逻辑清楚,用语礼貌自然),并努力实现语言的适度生动;

(3)具有相应的文化素养和较为广博的知识,并努力学习和把握与讲解内容有关的政治、经济、历史、地理、法律法规、政策,熟悉相关的自然和人文知识及风土习俗,从而将其运用于讲解工作;

(4)具有相应的应变能力和组织协调能力。

4.2 旅游景区讲解员的服务准备

4.2.1 准备工作要求

4.2.1.1 知识准备

景区讲解员知识准备应符合:

(1)熟悉并掌握本景区讲解内容所需的情况和知识(基于景区的差异,可分别包括自然科学知识、历史和文化遗产知识、建筑与园林艺术知识、宗教知识、文学、美术、音乐、戏曲、舞蹈知识等;以及必要时与国内外同类景区内容对比的文化知识)。

(2)基于游客对讲解的时间长度、认知深度的不同要求,讲解员应对讲解内容做好两种或两种以上讲解方案的准备,以适应旅游团队或个体的不同需要。

(3)预先了解游客所在地区或国家的宗教信仰、风俗习惯,了解客人的禁忌,以便能够实现礼貌待客。

4.2.1.2 接待前的准备

接待前的准备包括:

(1)接待游客前,讲解员要认真查阅核实所接待团队或贵宾的接待计划及相关资料,熟悉该群体或个体的总体情况,如停留时间、游程安排、有无特殊要求等诸多细节,以使自己的讲解更有针对性;

(2)对于临时接待的团队或散客,讲解员同样也应注意了解客人的有关情况,一般应包括客人主体的来源、职业、文化程度以及其停留时间、游程安排、有无特殊要求等,以便使自己的讲解更能符合游客的需要。

4.2.2 上岗时的准备

上岗时应准备:

(1)佩戴好本景区讲解员的上岗标志;

(2)如有需要,准备好无线传输讲解用品;

(3)需要发放的相关资料;

(4)接待团队时所需的票证;

(5)对特殊需要的讲解内容或第一次讲解线路,事先踩点和准备。

4.2.3 仪容仪表

仪容仪表应符合:

(1)着装整洁、得体;有着装要求的景区,也可以根据景区的要求穿着工作服或指定服装。

(2)饰物佩戴及发型,以景区的原则要求为准;女讲解员一般以淡妆为宜。

(3)言谈举止应文明稳重,自然而不做作。

(4)讲解活动中可适度使用肢体语言,且力避无关的小动作。
(5)接待游客热情诚恳,并符合礼仪规范。
(6)工作过程中始终做到情绪饱满,不抽烟或进食。
(7)注意个人卫生。

4.2.4 讲解语种

讲解语种包括:
(1)景区讲解,应以普通话为普遍使用的语言;
(2)位于民族地区的景区,宜根据客源情况提供民族语言和普通话的双语讲解服务;
(3)有条件的景区,宜根据客源情况提供多语种的讲解服务。

4.3 旅游景区讲解活动要求

4.3.1 接待开始时的服务要求

接待开始时的服务要求应符合:
(1)代表本景区对游客表示欢迎;
(2)介绍本人姓名及所属单位;
(3)表达景区对提供服务的诚挚意愿;
(4)了解游客的旅游需求;
(5)表达希望游客对讲解工作给予支持配合的意愿;
(6)预祝游客旅游愉快。

4.3.2 游览前的讲解服务要求

游览前的讲解服务要求包括:
(1)应向游客介绍本景区的简要情况,尤其是景点的背景、价值和特色;
(2)应向游客适度介绍本景区的所在旅游地的自然、人文景观和风土人情等相关内容;
(3)应提醒团队游客注意自己团队原定的游览计划安排,包括在景区停留的时间、主要游览路线,以及参观游览结束后集合的时间和地点;
(4)应向旅游者说明游览过程中的注意事项,并提醒游客保管好自己的贵重物品;
(5)游程中如需讲解人员陪同游客乘车或乘船游览,讲解人员宜协助游客联系有关车辆或船只。

4.3.3 游览中的讲解服务要求

4.3.3.1 讲解内容的选取原则

讲解内容的选取原则如下:
(1)有关景区内容的讲解,应有景区一致的总体要求。
(2)内容的取舍应以科学性和真实性为原则。
(3)民间传说应有故事来源的历史传承,任何景区和个人均不得为了景区经营目而随意编造。
(4)有关景区内容的讲解应力避同音异义词语造成的歧义。
(5)使用文言文时需注意游客对象;需要使用时,宜以大众化语言给以补充解释。
(6)对历史人物或事件,应充分尊重历史的原貌;如遇尚存争议的科学原理或人物、事件,则宜选用中性词语给以表达。
(7)讲解内容如系引据他人此前研究成果,应在解说中给以适度的说明,以利于游客今后的使用和知识产权的保护。

(8)景区管理部门应积极创造条件,邀请有关专家实现对讲解词框架和主体内容的科学审定。

4.3.3.2 讲解导游的方法与技巧

讲解导游的方法与技巧如下:

(1)对景区的讲解要繁简适度;讲解语言应准确易懂;吐字应清晰,并富有感染力。

(2)要努力做到讲解安排得活跃生动,做好讲解与引导游览的有机结合。

(3)要针对不同游客的需要,因人施讲,并对游客中的老幼病孕和其他弱势群体给予合理关照。

(4)在讲解过程中,应自始至终与游客在一起活动;注意随时清点人数,以防游客走失;注意游客的安全,随时做好安全提示,以防意外事故发生。

(5)要安排并控制好讲解时间,以免影响游客的原有行程。

(6)讲解活动要自始至终使用文明语言;回答问题要耐心、和气、诚恳;不冷落、顶撞或轰赶游客;不与游客发生争执或矛盾。

(7)如在讲解进程中发生意外情况,则应及时联络景区有关部门,以期尽快得到妥善处理或解决。

4.3.4 与游客的沟通

与游客的沟通包括:

(1)旅游讲解也是沟通,讲解员在讲解中应注意平等沟通的原则,注意客人与自己在对事物认知上的平等地位。

(2)在时间允许和个人能力所及的情况下,宜与游客有适度的问答互动;

(3)要意识到自己知识的盲点,虚心听取游客的不同意见和表达;

(4)对游客的批评和建议,应该礼貌地感谢,并视其必要性及时或在事后如实向景区有关部门反映。

4.3.5 讲解活动结束时的服务要求

4.3.5.1 在讲解活动结束活动时,讲解员应做到:

(1)诚恳征求游客对本次讲解工作的意见和建议;

(2)热情地向游客道别;

(3)一般情况下,在游客离开之后方可离开。

4.3.5.2 在游客离开景区后,或当天工作结束前,讲解员应做到:

(1)按照景区的规定,及时认真地填写《工作日志》或本单位规定的有关工作记录。

(2)如有特殊情况,及时向景区有关方面如实反映。

4.4 乘车(乘船)游览的讲解服务要求

景区讲解如果是在乘车(乘船)游览时进行,讲解员应做到:

(1)协助司机(或船员)安排游客入座。

(2)在上车(船)、乘车(船)、下车(船)时提醒游客有关安全事项,提醒游客清点自己的行李物品;并对老幼病孕和其他弱势群体给予特别关照。

(3)注意保持讲解内容与行车(行船)节奏的一致,讲解声音应设法让更多的游客都能听见。

(4)努力做好与行车安全(或行船安全)的配合。

4.5 游客购物时的服务要求
游客如需购物时,讲解员应做到:
(1)如实向游客介绍本地区、本景区的商品内容与特色;
(2)如实向游客介绍本景区合法经营的购物场所;
(3)不得强迫或变相强迫游客购物。

4.6 游客观看景区演出时的服务要求
如游客游程中原已包含有在景区内观看节目演出,则讲解员的服务应包括:
(1)如实向游客介绍本景区演出的节目内容与特色;
(2)按时组织旅游者入场,倡导游客文明观看节目;
(3)在游客观看节目过程中,讲解员应自始至终坚守岗位;
(4)如个别客人因特殊原因需要中途退场,讲解员应设法给予妥善安排;
(5)不得强迫或变相强迫游客增加需要另行付费的演出项目。

4.7 讲解活动中的安全要求
在景区的讲解活动中,应充分注意安全:
(1)提前了解讲解当天的天气和景区道路情况,防患于未然;
(2)讲解活动应避开景区中存在安全隐患的地区;
(3)讲解中随时提醒游客注意安全(尤其是在游客有可能发生失足、碰头等的地带);
(4)发生安全事故时冷静妥善对待,在积极帮助其他游人疏散的同时,及时通知景区有关部门前来救助。

5 旅游景区电子讲解说明服务

5.1 旅游景区电子讲解说明服务的设备与功能

5.1.1 器材选用
5.1.1.1 应根据讲解环境和游客的不同需要选择适应的讲解器材:除了空旷山野的必需外,景区的讲解不宜使用扩音器,以减少不同讲解员同时讲解时的相互干扰;
5.1.1.2 在游客比较密集且允许不同讲解同时讲解的景区,以选用电子讲解说明服务设备为宜。
5.1.1.3 电子讲解说明服务设备,宜以不同器材对游客群体的适应度做出安排:
(1)可配备无干扰导游无线讲解系统,以用于对团队(或多人)的讲解;
(2)可配备自助电子语音讲解系统,以提供给有此需要的散客;
(3)可配备非语音查询说明设备(主要为台式或壁挂式触摸屏查询说明系统)以提供给游客自由使用;
(4)景区的大屏幕录像播放系统,可作为讲解活动的适度补充。

5.1.2 语音讲解器材要求
语音讲解器材包括:
(1)适宜团队使用的无干扰导游无线讲解系统,宜选用频率数值较高和工作频段数较多的设备,以保证语音的清晰和团队众多时的不同讲解。
(2)适应于散客的自助电子语音讲解系统,宜选用自动接收与自由点播相结合的产品

(包括无线自行播放式、无线触点感应式,以及预存储手动数字选择式),手动数字选择式以能支持重复收听为宜。

(3)适应于散客的自助电子语音讲解系统,宜配有景区导游图,并适合在室外查看:

①导游图上应标有序号和讲解点名称;

②导游图上宜标有厕所、停车场、景区出入口;

③设备周转量宜与景区游客需求量大体适应;

④注意保障无线传输设备的使用安全,并避免雷雨天户外使用;

⑤景区应安排专用的消毒设施(或程序)及时对耳机与话筒进行消毒,以有利于游客与讲解人员的健康。

5.2 预录式语音讲解要求

5.2.1 预录语种要求

预录式讲解语种要求,与本标准讲解员现场讲解的4.2.3要求相同。

5.2.2 预录内容要求

预录内容包括:

(1)预录讲解内容的取舍原则及讲解方法、技巧,与本标准讲解员现场讲解的4.3.3相同;

(2)预录讲解内容应以游客游览线路和拟讲知识结构为次序,每一个讲解点都应独立讲述;

(3)预录讲解内容应具有较为权威的准确性,可依据已有的权威资料改写,亦可委托专业公司或专家撰稿;

(4)预录讲解内容宜有明确的知识产权说明。

5.2.3 预录翻译要求

预录翻译应符合:

(1)外语翻译应邀请有关专家工作,注意翻译中的"信达雅",以让外国游客真正了解景区所要传达与旅游者的内容;

(2)除对已有的权威性译文资料的利用外,应努力创造条件,争取外国专业人士参与外语翻译或校订;

(3)外语翻译亦应有有关译者的明确的知识产权说明。

5.2.4 预录配音要求

预录配音要求包括:

(1)预录配音语速不宜过快,要适应于游客的边走边听;

(2)预录配音亦应与景区地形地貌或环境呼应,并及时提醒该讲解点附近可能出现的不安全因素。

5.2.5 预录内容的更新与保存

预录内容的更新与保存包括:

(1)预录讲解内容应及时更新,旅游景区的语音讲解系统以配有专门的语音写入系统为宜,亦可委托有关专业服务的企业负责此项工作;

(2)旅游景区对语录讲解内容应建立明确的历史档案,其中应包括有关知识产权的保护与作者、译者的档案。

5.3 其他解说系统要求

其他解说系统要求如下：

(1)非语音查询说明设备(主要为台式或壁挂式触摸屏查询说明系统)和景区的大屏幕录像播放系统,是景区解说的补充性公共设施,具有条件的景区宜有适度的设置；

(2)景区内台式或壁挂式触摸屏的设置,景区的大屏幕录像播放,均宜有适当的场地；

(3)应保持设备的完好可靠,可以常年正常运行；

(4)对于景区的相关介绍,应有图文并重的设计与预录；

(5)应安排专人负责其运行管理；

(6)景区的相关介绍应有适时更新；

(7)应保障游客使用触摸屏时的用电安全。

6 旅游景区讲解活动的组织与管理

6.1 旅游景区讲解活动的组织

6.1.1 统筹、协调与安排

6.1.1.1 讲解工作是实现景区社会价值和经济价值的主要途径,旅游景区的管理部门应对讲解工作给以积极的统筹、协调与安排；

6.1.1.2 在讲解语言的选择上,应根据客源情况妥善安排：在国内游客为主的地区,宜安排普通话或民族语言的讲解；外国游客较多的景区,宜适当安排外语讲解。

6.1.1.3 旅游景区管理部门分管景区讲解的负责人,应努力学习 GB/T 15624.1 的有关部分,并熟悉本标准所规范的对景区讲解的标准要求。

6.1.2 对游客服务的一致性

基于对游客服务的一致性,景区的各个分支管理部门(包括基建、展陈、宣传、研究、票务、安全等),应把对讲解工作的准备和配合作为本部门的应有工作内容。

6.1.3 讲解活动的安全保障

讲解活动的安全是景区整体安全的一部分,景区的安全、医疗、基建等部门在建立景区游客安全保障体系的同时,亦应将讲解人员的安全保障纳入其中。

6.1.4 关心讲解人员的职业诉求

讲解人员是景区直接服务于社会的第一线职工,景区的人事和工薪福利主管应对景区讲解员的正当职业诉求给予妥善安排,以更好地保证讲解工作的顺利进行与不断提高。

6.2 旅游景区讲解服务的管理系统

6.2.1 旅游景区管理系统的完善

具有一定规模的景区,应建立起与景区规模相适应的景区讲解管理体系和负责具体工作的讲解管理部门(或小组)。

6.2.2 讲解管理体系的职责要求

6.2.2.1 旅游景区管理部门应积极安排,建立景区有关讲解的管理体系并完成下列的相关工作：

(1)应根据本景区已经评定(或努力争取)的旅游景区质量等级,依照 GB/T 17775 完善相应条件,建立本景区的游览讲解制度；

(2)不断完善景区讲解人员的配置；

(3)建立景区讲解内容不断完善与优化的工作体系；
(4)做好讲解员的培训和进修安排(包括岗前培训和定期进修)；
(5)在景区最合适的地区设置讲解接待与办公场所；
(6)购置和准备讲解工作需要的器材和资料；
(7)统筹景区的讲解管理部门的工作,并组织讲解工作的考核与绩效评估。

6.2.2.2 景区的讲解管理部门(或小组)应负责：
(1)接受游客的讲解要求,负责安排讲解；
(2)做好讲解人员的工作分派与协调；
(3)帮助讲解人员做好有关物质准备；
(4)管理好讲解的有关器材和资料；
(5)联系景区有关部门以获得讲解工作的更多支持；
(6)协调讲解人员的学习与提高,以及必要时的对外交流与进修。

6.3 旅游讲解的绩效评估

6.3.1 评估安排

具有一定规模的景区,应有计划地对讲解工作和讲解管理工作进行定期的绩效评估。

6.3.2 评估目的

景区讲解的绩效评估,应以推进景区讲解工作的优化为主要目标；应积极发挥激励管理的能动效应。

6.3.3 评估重心

游客的反映应是绩效评估依据的一部分,但应以分析原因为主,并以改进工作为第一要务。

6.3.4 评估指导

景区在进行绩效评估时,景区主要负责人应亲自参加,并宜尽力争取旅游主管部门和行业组织的帮助和指导。

附录三

旅游景区服务指南

前 言

本标准由国家旅游局提出。

本标准由全国旅游标准化技术委员会归口。

本标准起草单位：国家旅游局规划财务司、北京第二外国语学院旅游发展研究院、北京市清水木岩旅游咨询中心。

本标准主要起草人：张凌云、吴文学、彭德成、窦群、潘肖澎、王晓宇、魏立忠、朱莉蓉、李嘉宁。

引 言

本标准旨在规范旅游景区服务工作，提高服务质量，维护旅游景区和旅游者的合法权益，全面提升旅游景区的服务水平，引导旅游景区服务业的健康发展。

1 范围

本标准规定了旅游景区服务的基本内容、构成要素和质量要求。本标准适用于接待海内外旅游者的不同类型的旅游景区，包括以自然景观、人文景观和人造景观为主的旅游景区中与游客接触的服务岗位。

2 规范性引用文件

下列标准的条款通过本标准的引用而成为本标准的条款。凡是注日期的引用文件，其随后所有的修改单（不包括勘误的内容）或修订版均不适用于本标准，然而，鼓励根据本标准达成协议的各方研究是否可使用这些文件的最新版本。凡是不注日期的引用文件，其最新版本适用于本标准。

GB 5749 生活饮用水卫生标准

GB/T 1 000 1.1 标志用公共信息图形符号　第1部分：通用符号

GB/T 1 000 1.2 标志用公共信息图形符号　第2部分：旅游休闲符号

GB 1615 3 饭馆(餐厅)卫生标准
GB/T 1 6767 游乐园(场)安全和服务质量
GB/T 16868 商品经营质量管理规范
GB/T 18971 旅游规划通则
GB/T 18973 旅游厕所质量等级的划分与评定

3　术语和定义下列术语和定义适用于本标准

3.1　旅游景区 tourist attraction

以满足旅游者出游目的为主要功能(包括参观游览、审美体验、休闲度假、康乐健身等)，并具备相应旅游服务设施，提供相应旅游服务的独立管理区。该管理区应有统一的经营管理机构和明确的地域范围。

3.2　旅游景区服务 tourist attraction service

管理者和员工借助一定的旅游资源(环境)、旅游服务设施及通过一定的手段向游客提供的各种直接和间接的方便利益，满足其旅游需要的过程和结果。

3.3　服务质量 service quality

服务能够满足规定和潜在需求的特征和特性的总和，即服务工作能够满足被服务者需求的程度，是企业为使目标顾客满意而提供的最低服务水平，也是企业保持这一预定服务水平的连贯性程度。

4　质量管理要求

4.1　总体要求

4.1.1　旅游景区管理层应制订《服务质量手册》，明确服务质量方针、宗旨，表明对服务质量和服务质量管理的基本态度，对游客的服务质量承诺以及实现服务质量承诺和目标的主要方法和措施。

4.1.2　应明确服务质量目标，说明实现这一目标以及服务质量改进应遵循的途径。

4.1.3　在服务质量体系目标中应以游客为本，以服务游客为导向。服务质量活动是一个连续不断的工作过程，应始于游客的要求，终于游客的满意。

4.1.4　应注意定期收集游客对旅游景区服务质量的反馈意见和建议，了解游客的需求变化，不断提高游客的满意度。在服务质量管理制度中应制定有效的纠正和预防措施。

4.1.5　应培养员工强烈的服务质量意识、组织有效的服务质量激励和培训，把质量任务明确分配到各个部门和全体员工。

4.2　基本要求

4.2.1　旅游景区内与游客接触的岗位都应有服务规范和质量要求，有管理制度和奖惩措施。

4.2.2　在与游客接触的岗位上工作的员工都应参加岗位培训，经业务考核合格后，方能持证上岗。

4.2.3　与游客接触的员工应着统一的工作制服，佩戴能被明显辨识的胸卡或胸牌。

4.2.4　与游客接触的员工应使用文明礼貌用语、主动热情、微笑服务。

4.2.5　设施、器械应保持其运转状态安全良好，符合安全质量规范要求。

5 人员服务

5.1 停车场服务

5.1.1 负责车辆的疏导、检查和看管,指挥车辆合理停放,保证场内道路畅通。

5.1.2 收费停车场应明示收费标准,并提供相应的服务和管理。

5.1.3 提醒司机关好车辆门窗,勿将贵重物品留在车内。若发现车身有损伤痕迹,应及时向司机说明和确认,并做好登记工作。

5.1.4 做好巡视检查工作,提高防火防盗意识,确保场内车辆和公共设施的安全。

5.1.5 发生车辆碰撞、刮蹭、损坏和丢失等情况,应立即报告有关部门,按相关程序处理。

5.2 售检票服务

5.2.1 售票服务

5.2.1.1 提前到岗,做好售票前的准备工作,如使用手撕票的旅游景区准备好票据,认真登记票号;如使用磁卡门票的旅游景区应整理好磁卡,保证磁卡平整完好;备妥充足的零钱。

5.2.1.2 按规定准时售票。

5.2.1.3 主动介绍所售票务种类和价格,耐心解答游客询问。

5.2.1.4 售票员售票时应做到细心、准确、迅速、唱收唱付。

5.2.2 检票服务

5.2.2.1 提前到岗,准备好检票工具或设施,按规定时间准时开始检票。

5.2.2.2 检票员站在检票位,对于持门票进入的游客,查验其门票的真伪及有效性;对使用电子门禁系统的旅游景区应指导游客顺序进入,防止门禁设施夹伤游客。

5.2.2.3 对于持各类免票单据或有效证件进入的游客,核对单据和有效证件,核查是否符合旅游景区的免票政策。

5.2.2.4 对老、幼、病、残、孕等需要帮助的特殊游客,宜有专门的通道或服务程序和措施帮助其顺利进入。

5.2.2.5 对于团队游客,应能提供快速的检票服务,并做好游客人数的清点工作。

5.2.2.6 对于持无效票的游客应说明原因,并引导重新办理购票手续。

5.3 入口服务

5.3.1 游客中心的服务人员应主动热情解答游客提出的问题,内容真实准确、通俗易懂。

5.3.2 对于配有电子导游器的旅游景区,应保证电子导游器的设备状态良好、按键正常、电源充足。服务人员应向游客耐心讲解电子导游器的使用说明和相关的注意事项。

5.4 景区工作人员服务

5.4.1 所有在旅游景区现场的服务人员应牢固树立时刻为游客排忧解难的服务意识,对于需要帮助的游客,应及时主动地施以援手;对于游客的问询,工作人员应耐心回答、表达清晰。

5.4.2 旅游景区现场未在固定岗位的服务人员宜掌握基本的摄影技术,主动给需要帮助留影的游客照相留念。

5.4.3 在客流高峰期应有安全预案,能及时进行客流疏导,合理安排流量和流向。

5.4.4 对于走失的游客应做好安抚和照顾工作,并积极通过广播或其他通信手段主动帮助联系。

5.5 导游讲解

5.5.1 景区导游讲解员应提前到岗,做好相应的迎宾准备工作。

5.5.2 应主动热情接待游客,介绍导游讲解服务项目和收费标准,包括游览线路和时间。也可根据不同类型游客群体,合理建议游览线路,做到因人施讲。

5.5.3 导游讲解员在讲解开始时,应先做自我介绍,并致欢迎词。

5.5.4 导游讲解员应提升自身的修养,扩大知识面,提高讲解水平与技巧;讲解内容力求科学,尊重历史;应针对不同的游客采取不同的讲解方式,力求语言准确生动,健康活泼。

5.5.5 对于团队游客,讲解应详略得当,突出重点,音量适度;行进过程中,注意前后照应,避免掉队走失。

5.5.6 导游讲解员带队时,遇有障碍路段或存在安全隐患的区域,应及时提醒游客注意安全。

5.5.7 导游讲解结束时,应与游客主动道别,致欢送词。

5.6 交通服务

5.6.1 对于旅游景区从事交通工具(如电瓶车、游船、索道缆车等)的服务人员(如司机、操作人员等)应将游客安全放在首要位置,严格遵守操作安全规程,缓速行驶。

5.6.2 注意上下交通工具游客的安全。地面交通工具行驶中应注意避让游客。

5.6.3 发生交通意外时,应有快速反应的救援服务。

5.7 餐饮服务

5.7.1 旅游景区管理方对其管理区域内提供的餐饮服务,应承担服务质量管理或监管的职责。

5.7.2 服务人员每年应定期接受体检,无县级以上医院出具的健康合格证明者不得从事餐饮服务。

5.7.3 服务人员应注意个人卫生,衣着整洁干净。

5.7.4 餐食和饮品的卫生标准应达到各专项的国家标准或行业标准。

5.7.5 餐厅卫生应符合 GB 16153 规定的标准。

5.7.6 服务人员应诚信待客、明码标价、出具服务凭证或正式发票,不欺客、不宰客。

5.7.7 服务人员应及时收拾餐具,清洁桌面,保持餐厅内卫生,方便游客就餐。

5.8 购物服务

5.8.1 旅游景区管理方对其管理区域内的购物服务,应承担管理或监管的职责。

5.8.2 所售的商品应符合 GB/T 16868 的规定,商品质量应确保人体健康与安全。

5.8.3 严禁销售过期、变质及其他不符合食品卫生规定的食(饮)品。

5.8.4 购物环境秩序井然,商户亮照经营,可主动向客人介绍富有本旅游景区特色的旅游商品,但不应强迫游客购买或尾随兜售。

5.8.5 所售商品均应明码标价,无价格欺诈、以次充好、缺斤短两等不诚信行为。

5.8.6 旅游景区内的大型购物区(店)宜提供电子收款机(POS 机)刷卡、自助银行取款(ATM)等服务。

5.9 卫生保洁

5.9.1 厕所应配备专人负责保洁,保证室内整洁、无异味,洁具洁净、无污垢、无堵塞,清洁工具摆放整齐、不外露,应提供厕纸。

5.9.2 卫生保洁员的工作应符合 GB/T 18973 中的相关规定。

5.9.3 旅游景区游览环境整洁,无污水污物,各种设施设备无污垢,无异味。

5.9.4 垃圾清扫、清运及时,日产日清;运输过程采用遮盖或封闭式清运,不沿途撒落。

5.10 咨询服务

5.10.1 宜设置游客中心或游客咨询台,提供景区咨询服务。

5.10.2 旅游景区应有相应的网页,为游客提供景区的地理位置、开放时间、游览内容、门票价格、联系方式等基本信息服务。

5.10.3 应开设咨询电话,并在电话黄页、景区宣传资料上公布咨询电话号码。

5.10.4 根据需要,可在游客较为集中的地方,增设游客咨询处(点),提供相应的信息服务。

6 服务设施和管理

6.1 停车场设施和管理

6.1.1 停车场和停车区的面积与旅游景区正常时段客流量相适宜。

6.1.2 在旅游旺季,遇有客流量高峰期,应有临时停车场和停车区或有相应的管理措施。

6.1.3 停车场设施设备齐全,运转正常,状态良好。

6.1.4 有停车场指引和停车分区,标线指示明显,设回车线。

6.1.5 有专人值管和巡视制度。

6.1.6 收费停车场应配备有相应的设施。

6.2 售检票设施和管理

6.2.1 售票处设置应位置合理,标志醒目,以中外文明示旅游景区的开放时间,淡旺季门票价格(含其他收费项目明细),优惠办法如年票、套票以及享受优惠票价的特殊群体(如学生、军人、老年人、残障人士等)、享受免票的特殊群体等购票信息。

6.2.2 根据游客流量设置相应数量的售票窗口,遇有客流量高峰期可根据实时流量及时调整购票窗口的数量,或设立排队隔栏,并安排专人负责维持购票秩序。

6.2.3 可设置团体购票窗口,对老人、幼儿、病患、残障人士、孕妇等需要帮助的特殊游客,宜设置专门购票窗口或制定优先购票制度和措施。

6.2.4 合理设置检票入口,旅游旺季宜设立单独的团队入口。

6.2.5 使用电子门禁系统的,应确保设施运转正常、状态良好、应做到定期维护检修。

6.3 入口区设施和管理

6.3.1 设有旅游景区平面示意图及游客须知,标志清晰,文字内容通俗易懂。接待海外游客达到一定比例者,应配有英文或主要客源国的文字说明。

6.3.2 在旅游旺季,宜设置每日客流量统计牌。

6.3.3 指示牌、指路牌位置适当,标志清晰。

6.3.4 应设置游客中心或服务台,提供旅游景区的游览信息;如果提供人员导游讲解或电子导游器,应明示人员导游讲解的语种、讲解时间、价格等信息和供租用的电子导游器的语种、讲解内容、讲解时间、租(押)金、使用说明以及损坏赔偿规定等基本信息。

6.3.5 电子导游器应便于游客操作,质量稳定,讲解词科学准确、知识丰富、生动有趣,宜有多个语种版本,租还手续便利,租(押)金收费合理。

6.4 游步道设施

6.4.1 游步道设计合理,应符合人体工程学和景观美学原理,无安全隐患,危险路段应有保障游客安全的护栏及警示牌。

6.4.2 游步道沿途重要路口各种指示标志清楚,并显示所在位置,距离较远的,宜有至目的地的里程数提示。

6.4.3 沿途应设置观景、休息设施和避雨等场所(如椅、凳、亭、台、廊、阁等)。

6.4.4 游步道路面和沿途设施应定期检查维护,确保能正常使用、状态良好。

6.5 交通通信设施

6.5.1 旅游景区内游览线路和航道布局合理、通行顺畅,与环境相协调,无交通安全隐患。

6.5.2 可根据需要,设置与旅游景区规模相适应的车站点、专用停车场、船舶码头、电瓶车、游览车、索道、缆车等交通工具和设施。

6.5.3 通信设施布局合理,入口、出口及游人集中场所和游步道沿途应设有公用(投币或磁卡)电话,并可适当配置自动换币和电话磁卡售货机,或配备工作人员换币和出售磁卡。公用电话应具备紧急呼叫求援功能,公用电话亭标志醒目,与环境协调。

6.5.4 旅游景区应设立区域广播网,播放旅游景区游人须知、安全提示等。

6.5.5 旅游景区内交通通信设施应定期检查维护,确保能正常使用,状态良好。

6.6 标志指引

6.6.1 旅游景区如设置外部引导标志,应规范、合理、醒目,符合 GB/T 10001.1 的要求。

6.6.2 旅游景区内应设置游览全景图、导览图、景观说明牌或简介、中外文指路标志牌、安全警示、游客须知、注意事项等相应的中外文引导标志,且数量适中、内容准确、标志醒目、指向明确,符合 GB/T 10001.2 的要求。

6.7 游览和活动项目设施设备

6.7.1 文物和遗产类旅游景区应有相应的文物遗产保护设施设备、手段和措施,既要考虑游客观赏效果,又要防止因游客游览方式不当造成损坏。

6.7.2 自然公园类旅游景区应有必要的游客流量监测设施设备、手段和措施,根据旅游景区的环境承载力和生态系统特点控制游客流量和流向。游客流量测定可按照 GB/T 18971 中建议的方法。

6.7.3 主题乐园、游乐园类旅游景区的设施设备应符合 GB/T 16767 的安全要求。

6.7.4 博物馆类的旅游景区宜采用多种生动活泼的展示设施和手段,可提供游客参与性较强的参观项目。

6.7.5 温泉、海洋、滑雪等度假类旅游景区应营造浓厚的度假氛围和适宜的度假环境,度假设施完备,度假活动丰富。

6.7.6 为老人、幼儿、残障人士、孕妇等特殊人群提供人性化设施和服务,宜配备必要的无障碍设施。

6.8 餐饮设施和管理

6.8.1 旅游景区内的餐饮服务设施布局合理,方便游客,并与周边环境相协调。

6.8.2 室内外客用餐桌椅完好无损、干净无污垢,备有儿童座椅。

6.8.3 餐饮用具符合 GB 16153 的相关规定,卫生许可证、经营许可证、健康证三证齐全。

6.8.4 不应使用不可降解的、对环境造成污染的一次性餐饮具。

6.8.5 厨房灶台、加工案台、厨具器皿等洁净无油渍,排烟机通风口无油垢。

6.8.6 采购食(饮)品,应对供应商资质和采购的物品进行必要的审验和检查。

6.8.7 食品原材料的采购、运输、存储的容器包装、工具、设备应安全、无害,保持清洁,防止食品在运输和存储等流通环节上受到污染。

6.8.8 食(饮)品的加工制作应生熟分开,禁止使用过期变质的原料进行食品加工。

6.8.9 旅游景区饮用水的卫生应符合 GB 5749 的要求。

6.9 购物服务设施

6.9.1 购物点布局合理,商铺类型配置得当;购物点周边宜设置游客休息区或休闲餐饮场所。

6.9.2 购物商铺建筑风格应与旅游景区主题相符,建筑体量、高度与周边环境相协调。

6.9.3 主要购物区可设在旅游景区出口处附近,以方便游客。

6.10 卫生设施

6.10.1 厕所

6.10.1.1 厕所布局合理、数量适宜、标志醒目规范、建筑造型与景观相协调。

6.10.1.2 厕所内的各项设施应符合 GB/T 18973 的最低基本要求。

6.10.1.3 厕所的各项卫生管理指标应符合 GB/T 18973 中的最低基本要求。

6.10.1.4 旅游景区可根据需要,设立儿童厕位、专供残障人士使用的无障碍厕所、便于给婴儿更换尿布的操作台、亲子(家庭)厕所以及免水冲生态厕所等。

6.10.2 垃圾箱设置

6.10.2.1 垃圾箱数量适宜、布局合理、标志明显、造型美观,与周边环境相协调。

6.10.2.2 垃圾箱应按可回收与否分类设置并标示清晰。

6.10.2.3 存放垃圾的设施设备和场地清洁,无异味,有防蚊、蝇、虫、鼠等措施。

7 安全设施和管理

7.1 安全管理

7.1.1 旅游景区应设立安全管理部门,建立完善的安全管理责任体系、安全监控系统和安全保卫制度,确保游客的人身、财物安全。

7.1.2 旅游景区管理部门应按照有关行业标准和本标准的规定对各单位的安全实施管理,并做定期安全检查,根据安全检查和安全情况记录,对可能存在的安全隐患,制定整改措施。

7.1.3 危险地段警示标志明显,防护设施齐备、有效,有专人负责。无人值守的危险地段、开放夜游的旅游景区,其警示标志应有夜间照明设施。

7.1.4 在旅游景区危险或不宜进入的地段、场所应设置醒目的警示标志或禁止进入标志。

7.1.5 坡度较陡峭的步行路段应设置台阶或安装扶手。

7.1.6 室内旅游景区(如博物馆、游戏厅等)应设有安全疏散通道,并保持其畅通无阻。

7.1.7 对于旅游景区可能发生的突发性停电停水和重要设备设施的故障应有应急预案和处置措施。

7.1.8 有针对突发性事件的应急预案,关注专业部门的地质灾害(如滑坡、泥石流、地震、火山等)和气象灾害(如台风、雷暴、洪水、大雾、雪灾、沙尘暴等)的预报信息,及时采取旅游景区关闭及安全疏散游客的措施。

7.1.9 应严格管理和控制易燃、易爆和化学危险品,对必需的易燃、易爆和化学危险品应在规定区域内存放,并有专人看管。旅游景区有必要的安全隔离带,并有严禁游客进入的警示。

7.1.10 旅游景区应按规定要求设置各种消防设备、器具和火警监控系统,设置消防通道,确保消防设施和通道的完好和畅通,消防设施的完好率应达100%,定期检查旅游景区内的避雷设施。

7.1.11 旅游景区内应明确划定禁烟区,设置禁烟标志。自然公园、文物保护单位应禁止游客使用明火,珍稀树种林区和自然保护区核心区严禁游客携带火种入内。

7.2 特种设备安全

7.2.1 旅游景区特种设备的设计、规划和建设应加强管理,完善手续,按时维护,确保特种设备安全运行,并建立相应的管理规范,保证游客的人身和财物安全。

7.2.2 交通(如索道、缆车)、游览、娱乐、宾馆(饭店)等的机电设备完好,运行正常,定期维护检修,确保无安全隐患。

7.2.3 对供未成年人使用的设施设备,应有供家长阅读的提示性说明和注意事项,并有相应的防护措施。

7.2.4 对未列入特种设备管理的旅游设施(如游船等)应建立设备档案,定期维护,确保其性能完好,安全可靠。

7.2.5 大型游乐设施和骑乘项目,运营前应通过国家有关部门的质量与安全检测;在运营过程中,按规定进行年检和例行检修,并有详细的检修记录。

7.3 旅游景区治安

7.3.1 应合理设置治安室(岗),有专职治安人员昼夜值班,有相应的应急预案和工作制度,能处理突发性治安事件。

7.3.2 应有治安巡逻联防措施,与辖区公安机关之间的报警系统快捷有效。

7.4 医疗救援

7.4.1 应设立医疗室(站),有相应资质的医护人员,且配备必要的急救药品、医疗器械设施,医疗服务制度完善。

7.4.2 应与当地的正规医院建立稳定的合作关系,有切实可行的医疗急救措施和制度。

7.4.3 建立紧急救援机制,设立急救室,并配备急救人员。有突发事件处理预案,事故处理及时、妥当,档案记录准确、齐全。

8 投诉处理和管理

8.1 设立投诉受理机构并配备专门人员,制定有完善的受理和处理制度,并在旅游景区售票处、网站/网页、宣传资料、门票上公布监督投诉电话,设置游客意见箱、意见簿和投诉站。

8.2 运行机制良好,能及时、妥善处理投诉,建立完整的投诉处理档案,保持两年以上的备查期。

8.3 旅游景区接到投诉后,应准确记录投诉人姓名、国籍、投诉事由、联系方式、被投诉人的岗位名称或人员编号、投诉者出具的证据和资料、投诉者要求解决问题的具体要求,并按相应格式填写旅游景区"旅游投诉登记表"。

8.4 对待投诉人员要做到热情、耐心,并能冷静地倾听客人的陈述,详细做好笔录。避免和游客发生争执。

8.5 对于现场投诉,应迅速调查核实情况,受理投诉事件,如能够现场解决的,应及时解决;若受理者不能解决的,应及时上报相应的责任人处理,及时将处理结果告知投诉者。

8.6 对于事后接到的投诉材料,应尽快查清投诉的基本事实、证据和相关责任人有无过失等情况,并在收到之日起 10 个工作日内将处理结果通知投诉者。

8.7 投诉受理机构应对投诉意见建立专门的档案资料,定期做好游客投诉意见分类统计和分析研究工作,对于游客投诉较为集中的服务环节或当事人,应有相应的整改措施和奖惩处理。

附录四

旅游景区质量等级管理办法

第一章 总 则

第一条 为了加强旅游景区质量等级的评定和管理,提升旅游景区服务质量和管理水平,树立旅游景区行业良好形象,促进旅游业可持续发展,依据国家有关法律、法规和中华人民共和国国家标准《旅游景区质量等级的划分与评定》及相关评定细则,特制定本办法。

第二条 本办法所称的旅游景区,是指可接待旅游者,具有观赏游憩、文化娱乐等功能,具备相应旅游服务设施并提供相应旅游服务,且具有相对完整管理系统的游览区。

旅游景区质量等级的申请、评定、管理和责任处理适用本办法。

第三条 凡在中华人民共和国国境内正式开业一年以上的旅游景区,均可申请质量等级。旅游景区质量等级划分为5个等级,从低到高依次为1A、2A、3A、4A、5A。

第四条 旅游景区质量等级管理工作,遵循自愿申报、分级评定、动态管理、以人为本、持续发展的原则。

第五条 国务院旅游行政主管部门负责旅游景区质量等级评定标准、评定细则等的编制和修订工作,负责对全国旅游景区质量等级评定标准的实施进行管理和监督。

各省、自治区、直辖市人民政府旅游行政主管部门负责对本行政区域内旅游景区质量等级评定标准的实施进行管理和监督。

第二章 评定机构与证书标牌

第六条 国务院旅游行政主管部门组织设立全国旅游景区质量等级评定委员会,负责全国旅游景区质量等级评定工作的组织和实施,授权并督导省级及以下旅游景区质量等级评定机构开展评定工作。

各省、自治区、直辖市人民政府旅游行政主管部门组织设立本地区旅游景区质量等级评定委员会,按照全国旅游景区质量等级评定委员会授权,负责本行政区域内旅游景区质量等级评定工作的组织和实施。

第七条 省级旅游景区质量等级评定委员会及时向全国旅游景区质量等级评定委员会报备各级评定委员会及其办公室成员组成与变动。

第八条 省级旅游景区质量等级评定委员会须全面掌握本地区各级旅游景区新增及变动情况,实现动态管理,每年分别于6月底和12月底将本地区各级旅游景区名称和数量报全国旅游景区质量等级评定委员会备案。

第九条 省级及以下旅游景区质量等级评定委员会出现玩忽职守,未按要求开展工作的,上级评定机构可以撤销其已获得的评定权限。

第十条 旅游景区质量等级的标牌、证书由全国旅游景区质量等级评定委员会统一制作,由相应评定机构颁发。旅游景区在对外宣传资料中应正确标明其等级。旅游景区质量等级标牌,须置于旅游景区主要入口显著位置。

第十一条 旅游景区可根据需要自行制作庄重醒目、简洁大方的质量等级标志,标志在外形、材质、颜色等方面要与景区特点相一致。

第三章 申请与评定

第十二条 3A级及以下等级旅游景区由全国旅游景区质量等级评定委员会授权各省级旅游景区质量等级评定委员会负责评定,省级旅游景区评定委员会可向条件成熟的地市级旅游景区评定委员会再行授权。

4A级旅游景区由省级旅游景区质量等级评定委员会推荐,全国旅游景区质量等级评定委员会组织评定。

5A级旅游景区从4A级旅游景区中产生。被公告为4A级三年以上的旅游景区可申报5A级旅游景区。5A级旅游景区由省级旅游景区质量等级评定委员会推荐,全国旅游景区质量等级评定委员会组织评定。

第十三条 申报3A级及以下等级的旅游景区,由所在地旅游景区评定机构逐级提交评定申请报告、《旅游景区质量等级评定报告书》和创建资料,创建资料包括景区创建工作汇报、服务质量和环境质量具体达标说明和图片、景区资源价值和市场价值具体达标说明和图片。省级或经授权的地市级旅游景区评定机构组织评定,对达标景区直接对外公告,颁发证书和标牌,并报全国旅游景区质量等级评定委员会备案。

第十四条 申报4A级的旅游景区,由所在地旅游景区评定机构逐级提交申请申请报告、《旅游景区质量等级评定报告书》和创建资料,省级旅游景区评定机构组织初评。初评合格的景区,由省级旅游景区评定机构向全国旅游景区质量等级评定委员会提交推荐意见,全国旅游景区质量等级评定委员会通过明察、暗访等方式进行检查,对达标景区对外公告,颁发证书和标牌。

第十五条 申报5A级的旅游景区,由所在地旅游景区评定机构逐级提交申请报告、《旅游景区质量等级评定报告书》和创建资料(含电子版),省级旅游景区评定机构组织初评。初评合格的景区,由省级旅游景区评定机构向全国旅游景区质量等级评定委员会提交推荐意见。

第十六条 全国旅游景区质量等级评定委员会对申报5A级旅游景区的评定程序如下:

(一)资料审核。全国旅游景区质量等级评定委员会依据景区评定标准和细则规定,对景区申报资料进行全面审核,审核内容包括景区名称、范围、管理机构、规章制度及发展状况等。通过审核的景区,进入景观评估程序,未通过审核的景区,一年后方可再次申请重审。

(二)景观价值评价。全国旅游景区质量等级评定委员会组建由相关方面专家组成的评议组,听取申报景区的陈述,采取差额投票方式,对景区资源吸引力和市场影响力进行评价,评价内容包括景观赏游憩价值、历史文化科学价值、知名度、美誉度与市场辐射力等。通过景观评价的景区,进入现场检查环节,未通过景观评价的景区,两年后方可再次申请重审。

(三)现场检查。全国旅游景区质量等级评定委员会组织国家级检查员成立评定小组,采取暗访方式对景区服务质量与环境质量进行现场检查,检查内容包括景区交通等基础服务设施,安全、卫生等公共服务设施,导游导览、购物等游览服务设施,电子商务等网络服务体系,对历史文化、自然环境保护状况,引导游客文明旅游等方面。现场检查达标的景区,进入社会公示程序,未达标的景区,一年后方可再次申请现场检查。

(四)社会公示。全国旅游景区质量等级评定委员会对达到标准的申报景区,在中国旅游网上进行七个工作日的社会公示。公示阶段无重大异议或重大投诉的旅游景区通过公示,若出现重大异议或重大投诉的情况,将由全国旅游景区质量等级评定委员会进行核实和调查,做出相应决定。

(五)发布公告。经公示无重大异议或重大投诉的景区,由全国旅游景区质量等级评定委员会发布质量等级认定公告,颁发证书和标牌。

第十七条 各质量等级旅游景区必须按照国家统计部门和旅游行政主管部门要求,履行《旅游统计调查制度》,按时报送旅游景区各项相关统计数据和信息,确保数据的真实性和准确性。

第四章 检查员

第十八条 旅游景区质量等级评定现场工作由具有相应资格的检查员担负。旅游景区质量等级评定检查员分为国家级检查员和地方级检查员。

第十九条 旅游景区质量等级评定检查员需熟练掌握国家标准及相关细则要求,熟悉景区建设管理知识,业务水平高,实践经验丰富,严格遵守评定工作规范(见附录),工作责任心强。

第二十条 旅游景区质量等级评定检查员由旅游景区研究、管理的专业人员,旅游景区协会成员单位的有关人员,景区评定机构的相关人员组成。

第二十一条 旅游景区质量等级评定检查员采取分级培训聘任的方式。国家级检查员由全国旅游景区质量等级评定委员会培训,经国务院旅游行政主管部门批准后聘任并颁发证书,地方级检查员由省级旅游景区质量等级评定委员会聘任并颁发证书。

第二十二条 旅游景区质量等级评定国家级与地方级检查员每三年进行一次审核。对于出现重大工作失误、未按工作规范开展工作、未承担相应工作职责以及由于各种原因不再适宜担负旅游景区评定工作的检查员,不予通过审核,并取消旅游景区检查员资格。

第五章　管理与监督

第二十三条　各级旅游景区质量等级评定机构对所评旅游景区要进行监督检查和复核。监督检查采取重点抽查、定期明察和不定期暗访以及社会调查、听取游客意见反馈等方式进行。

第二十四条　全国旅游景区质量等级评定委员会负责建立全国旅游景区动态监测与游客评价系统和景区信息管理系统，系统收集信息和游客评价意见，作为对旅游景区监督检查和复核依据之一。

第二十五条　对游客好评率较低、社会反响较差、发生重大安全事故、被游客进行重大投诉经调查情况属实及未按时报送数据信息或填报虚假信息的景区，视情节给予相应处理。

第二十六条　4A级及以下等级景区复核工作主要由省级质量等级评定委员会组织和实施，复核分为年度复核与五年期满的评定性复核，年度复核采取抽查的方式，复核比例不低于10％。5A级旅游景区复核工作由全国旅游景区质量等级评定委员会负责，每年复核比例不低于10％。经复核达不到要求的，视情节给予相应处理。

第二十七条　对景区处理方式包括签发警告通知书、通报批评、降低或取消等级。

旅游景区接到警告通知书、通报批评、降低或取消等级的通知后，须认真整改，并在规定期限内将整改情况上报相应的等级评定机构。

第二十八条　旅游景区被处以签发警告通知书和通报批评处理后，整改期满仍未达标的，将给予降低或取消等级处理。凡被降低、取消质量等级的旅游景区，自降低或取消等级之日起一年内不得重新申请等级。

第二十九条　旅游景区质量等级评定委员会签发警告通知书、通报批评、降低或取消等级的处理权限如下：

1. 省、自治区、直辖市旅游景区质量等级评定委员会有权对达不到标准规定的3A级及以下等级旅游景区签发警告通知书、通报批评、降低或取消等级，并报全国旅游景区质量等级评定委员会备案。

2. 省、自治区、直辖市旅游景区质量等级评定委员会有权对达不到标准规定的4A级旅游景区签发警告通知书、通报批评，并报全国旅游景区质量等级评定委员会备案。如需对4A级旅游景区做出降低或取消等级的处理，须报全国旅游景区质量等级评定委员会审批，由全国旅游景区质量等级评定委员会对外公告。

3. 全国旅游景区质量等级评定委员会对达不到标准规定的5A级旅游景区做出相应处理。

4. 全国旅游景区质量等级评定委员会有权对达不到标准规定的各级旅游景区，做出签发警告通知书、通报批评、降低或取消等级通知的处理。

第六章　附　则

第三十条　本办法由国家旅游局负责解释。

第三十一条　本办法自2012年5月1日起施行。

主要参考文献

1. 姜若愚.旅游景区服务与管理[M].大连:东北财经大学出版社,2011.
2. 高午阳.景区服务与营销管理[M].北京:化学工业出版社,2011.
3. 吴必虎,俞曦.旅游规划原理[M].北京:中国旅游出版社,2010.
4. 吴国清.旅游资源开发与管理[M].上海:上海人民出版社,2010.
5. 曾光华.观光与餐旅行销[M].台北:前程文化事业有限公司,2010.
6. 许文圣.观光游憩通论[M].台北:华立图书股份有限公司,2010.
7. 邹统钎.遗产旅游管理经典案例[M].北京:中国旅游出版社,2010.
8. 乔申颖.文化体验蕴含新的商机[J].经济日报,2010.
9. 胡红梅.基于游客体验的历史文化街区旅游开发[J].经济研究导刊,2010.
10. (美)Jan Stankus.民宿经营与管理实务[M].陈信泰等译.台北:华都文化事业有限公司,2009.
11. 张进福.景区管理[M].北京:北京大学出版社,2009.
12. 杨振之.景区升级与服务质量管理[M].北京:科学出版社,2009.
13. 王瑜.旅游景区管理实训教程[M].北京:机械工业出版社,2009.
14. 沈绍岭.旅游景区细微管理[M].北京:中国旅游出版社,2009.
15. 卢晓.旅游景区服务与管理[M].北京:清华大学出版社,2009.
16. 张凌云.旅游景区管理[M].北京:旅游教育出版社,2009.
17. 刘少和,李秀斌.基于休闲娱乐产业化的区域旅游休闲化发展研究[J].旅游论坛,2009.
18. 葛全胜,宁志中,刘浩龙.旅游景区设施设计与管理[M].北京:中国旅游出版社,2009.
19. 王媛,纪文静.旅游营销基础[M].南京:江苏科学技术出版社,2009.
20. 马勇,李玺.旅游景区规划与项目设计仁[M].北京:中国旅游出版社,2008.
21. 万剑敏.中国旅游地理仁[M].南昌:江西高校出版社,2008.
22. 董观志.现代景区经营管理[M].大连:东北财经大学出版社,2008.
23. 吴贵明,王瑜.旅游景区安全案例分析[M].上海:上海财经大学出版社,2008.
24. 孙英杰,王慧元.景区餐饮业的经营管理研究[J].产业与科技论坛,2008.
25. 张丽萍.浅谈旅游购物环境的构成[J].湖南工业职业技术学院学报,2008.
26. 万剑敏,陈少玲.中国旅游资源概况[M].北京:科学出版社,2007.
27. 邓涛.旅游区景观设计原理[M].北京:中国建筑工业出版社,2007.
28. 王娟.智能交通系统在九寨沟景区管理中的应用探讨及运营评价[D].西南财经大学,2007.

29. 王迅.龙门山风景名胜区投融资研究[D].电子科技大学,2007.
30. 周国忠.旅游景区服务与管理实务巨[M].南京:东南大学出版社,2007.
31. 吴坤熙.观光游憩资源实务[M].台北:杨智文化事业股份有限公司,2007.
32. 高峻.旅游景区开发与管理[M].大连:东北财经大学出版社,2007.
33. 董观志.景区经营管理[M].广州:中山大学出版社,2007.
34. 来逢波.区域交通与旅游业的关联性探析[J].交通企业管理,2007.
35. 马勇,李玺.旅游景区管理[M].北京:中国旅游出版社,2006.
36. 杨桂华.旅游景区管理[M].北京:科学出版社,2006.
37. (英)约翰·斯沃布鲁克.旅游景区开发与管理[M].龙江智,李森译.北京:旅游教育出版社,2006.
38. 邹统钎.中国旅游景区管理模式研究[M].天津:南开大学出版社,2006.
39. 国家旅游局规划发展与财务司.中国旅游景区发展报告2005[M].北京:中国旅游出版社,2005.
40. 钟永德.旅游景区管理[M].长沙:湖南大学出版社,2005.
41. Edward Inskeep.旅游规划——一种综合性的可持续的开发方法[M].张凌云译.北京:旅游教育出版社,2004.
42. 邹统钎.旅游景区开发与经营景点案例[M].北京:旅游教育出版社,2003.
43. 刘振礼,王兵.新编中国旅游地理[M].天津:南开大学出版社,2002.
44. 赵黎明.旅游景区管理学巨[M].天津:南开大学出版社,2002.
45. 吴必虎.区域旅游规划原理[M].北京:中国旅游出版社,2001.
46. 杜学,蒋桂良.旅游交通教程仁[M].北京:旅游教育出版社,1993.